AF450080

...मन क्या है? मौजूदा चेतना से परे क्या विद्यमान है? इस पर हमने कभी प्रश्नों का सामना नहीं किया है। हम उस विपुल ऊर्जा की थाह पाने में कभी समर्थ नहीं हुए हैं, जो इस मन में मौजूद है। मन से यहाँ हमारा आशय केवल मस्तिष्क की क्षमता, कार्यप्रणाली, उसका क्रियाकलाप ही नहीं है, बल्कि आपकी भावनाएँ, इंद्रियगत प्रतिक्रियाएँ, स्नेह, प्रेम, तमाम मानव-सुलभ प्रत्युत्तर तथा प्रतिक्रियाएँ, सीखने की, भूलने की और 'रिकॉर्ड' करने, सहेजने की मस्तिष्क की क्षमता, और फिर जो इसने जानकारी के तौर पर सीखा है, उसके मुताबिक कुशलतापूर्वक या अकुशलता से क्रियाशील होने की क्षमता—मन से हमारा आशय यह सभी कुछ है।

मन क्या है?

जे. कृष्णमूर्ति

अनुवाद
पुष्पिता, लवीन, शक्ति

ISBN : 9789350643532

प्रथम संस्करण : 2015

MAN KYA HAI?
Hindi Translation of *Magnitude of the Mind* by J. Krishnamurti

Translated by : Pushpita, Laveen, Shakti

For the original English Text
© Krishnamurti Foundation Trust Ltd. Brockwood Park,
Bramdean Hampshire S024 OLQ England

For the Hindi Translation
© Krishnamurti Foundation India
Rajghat Fort, Varanasi 221 001

राजपाल एण्ड सन्ज़

1590, मदरसा रोड, कश्मीरी गेट-दिल्ली-110006
फोनः 011-23869812, 23865483, फैक्सः 011-23867791
website : www.rajpalpublishing.com
e-mail : sales@rajpalpublishing.com

क्रम

जीवन के मायने ही हैं
सम्बन्ध और कर्म

जीवन के मायने ही हैं सम्बन्ध और कर्म

शायद यह कह देना ज़रूरी है कि हम किसी दर्शन के बारे में, किसी सिद्धान्त, विचार या आदर्श के बारे में बात नहीं कर रहे हैं। हम आपस में, दो मित्रों की तरह, अपनी दैनिक ज़िन्दगी की समस्या के बारे में बातचीत करने जा रहे हैं। बहुत सावधानीपूर्वक, ससंकोच और खूब सोच-समझ के साथ विषय में गहरे उतरने के लिए हमें चौतरफा देखना होगा कि संसार में वस्तुतः हो क्या रहा है, केवल इस द्वीप[1] में नहीं बल्कि यूरोप, अमेरिका, चीन, रूस और भारत में भी। संसार में भीषण अराजकता है, अव्यवस्था है। समाज भ्रष्ट है, अनैतिक है; घोर अन्याय है इसमें। सभी राष्ट्र युद्ध की तैयारी में जुटे हैं, धर्म के नाम पर, अर्थव्यवस्था के नाम पर, अपना वजूद बचाने के नाम पर एक-दूसरे को मार डालने को तैयार; अपनी सुरक्षा के नाम पर वे औरों को मारने को तत्पर हैं। धर्म के आधार पर विभाजन देखने में आता है : आपके यहाँ, इस देश में, हीनयान और महायान हैं। भारत में अनगिनत देवी-देवता हैं; ईसाइयत में भी कई सारे विभाजन हैं, कैथोलिक, प्रोटेस्टेन्ट और जाने कितनी शाखाएँ। सारे संसार में राष्ट्रीय, धार्मिक, आर्थिक विभाजन हैं। मुद्रास्फीति है, जनसंख्या का आधिक्य है, गरीबी है; और अपनी तकनीकी क्षमता से लैस राष्ट्रवाद मनुष्य को नष्ट करने जा रहा है। ये तथ्य हैं। ये कोई वक्ता की अपनी राय या सोच

---

1. श्रीलंका, जहाँ ये वार्ताएँ हुईं।

नहीं, बल्कि तथ्य हैं, ठीक हमारे समक्ष। बस देखने और सुनने की हमारी तैयारी चाहिये।

और मनुष्य की दशा क्या है? किसी वायवीय मनुष्य की बात नहीं हो रही, कोई अमूर्त अवधारणा नहीं, बल्कि मनुष्य—आप, मैं और वह अन्य। हमारी दशा क्या है? मैं सोचता हूँ कि मनुष्य और समाज के बीच के सम्बन्ध को समझना महत्त्वपूर्ण है। समाज जैसा कि वह अब है, मनुष्य के द्वारा ही बनाया गया है, आपके-हमारे द्वारा, हमारे दादा-परदादाओं, पुरखों द्वारा। यह समाज मनुष्य-निर्मित है और इसलिए इसमें पूरी तरह से, आमूलचूल बदलाव लाया जा सकता है। समाज में वैसा बदलाव सदा से मनुष्य का स्वप्न रहा है। दार्शनिक होते आए हैं, पुरातन से लेकर आधुनिक काल तक, जिन्होंने इस बारे में बहुतेरी बातें की हैं, समाज कैसा होना चाहिए इस विषय पर ग्रन्थ पर ग्रन्थ रचे हैं।

पश्चिम में क्रान्तियाँ हुई हैं, फ्रांसीसी क्रान्ति और रूस में साम्यवादी क्रान्ति। उन सब ने परिवेश में, माहौल में बदलाव लाने के मकसद से क्रान्ति के वास्ते जद्दोजहद की है, काम किया है। साम्यवादी यह कर रहे हैं, समाजवादी और दूसरे वामपंथी भी, और अपने ढंग से दक्षिणपंथी भी ऐसा कर रहे हैं। पर इस बाह्य क्रान्ति ने कोई बड़ा बदलाव नहीं पैदा किया है। उसने ऊँच-नीच का एक नया वर्गानुक्रम, समृद्ध लोगों के एक नये तबके को ज़रूर ला खड़ा किया है—ताकतवर, प्रभावशाली, तानाशाह लोगों का नया तबका; पर समाज का ढाँचा-ढर्रा बुनियादी तौर पर वैसा ही चला आया है जैसा कि यह सदा से, सहस्राब्दियों से रहा है।

हम इस सब का साथ-साथ अवलोकन कर रहे हैं। कृपया एक बात ज़रूर ध्यान में रखें, और इस बात को इन तमाम वार्ताओं के दौरान दोहराना शायद गलत नहीं होगा, कि हम साथ-साथ सोच रहे हैं, देख रहे हैं, निरीक्षण कर रहे हैं। ऐसा नहीं है कि वक्ता आपको कुछ बताए दे रहा है जिसे आप सुन लें या अनसुना कर दें, जिस पर आप ध्यान दें अथवा जिसकी

आप उपेक्षा कर दें, बल्कि हम साथ-साथ यह अन्वेषण, यह तहकीकात करने जा रहे हैं कि हम इस तरह क्यों जिया करते हैं जैसे कि हम जी रहे हैं, मनुष्य में इतना बिगाड़ क्यों आ गया है? मेहरबानी करके इस बात का ध्यान रखें कि—और मैं इस बात को बार-बार दोहराने जा रहा हूँ—आप किसी इतर देश से आये किसी अजब शख़्स का सम्भाषण नहीं सुन रहे हैं, अपितु हम साथ-साथ तहकीकात कर रहे हैं, मनुष्य होने के नाते, शान्ति से, यथोचित रूप से, समझदारी से, कि मनुष्य ऐसी दशा में क्यों है?

हम लोग परिकल्पनाओं, विश्वासों, रूढ़ियों और उस तरह की तमाम निरर्थकताओं में नहीं उलझ रहे। वक्ता के हिसाब से, इस सब में तर्क-विवेक का कोई आधार नहीं हुआ करता। हम लोग साथ-साथ इस समाज पर गौर करने जा रहे हैं जिसमें हम रहते हैं, और इस पर भी कि हम इस सन्दर्भ में करें तो क्या करें? इसलिए वक्ता इसके बारे में बात कर रहा है, आपके बारे में बात कर रहा है; वह किसी और मसले पर बात नहीं कर रहा। वह इस बारे में बात कर रहा है कि क्यों यह मनुष्य प्राणी, जो हज़ारों-लाखों सालों से वजूद में है, जो असंख्य अनुभवों से गुज़रकर विकसित हुआ है, जिसने तकनीकी और मनोवैज्ञानिक दोनों तरह के ज्ञान का विशाल भंडार अर्जित किया है, और इस पर भी आज वह अराजकता, बदहाली और किंकर्तव्यविमूढ़ता की इस दशा में क्यों आ पहुँचा है? उम्मीद है यह आपको एकदम स्पष्ट होगा कि हम किसी परिकल्पना, किसी ‘थिअरी’ के बारे में बात नहीं कर रहे, बल्कि बात आपकी हो रही है, कारण कि आप ही शेष मानव जाति हैं। मानव जाति दुःख भोग रही है, इस संसार में हरएक मनुष्य, चाहे वह कहीं भी रहता-जीता हो, दुःख झेलता है, बेइन्तहा दुश्चिन्ता, घनी अनिश्चितता, अनवरत संघर्ष से गुज़रता है, न केवल अपने भीतर, बल्कि बाहर के जगत में भी। विकराल भय है उसके अन्तस् में, अवसाद है, अनिश्चितता है, जैसा आपके साथ भी है। तो हम ही तो हैं मानव जाति, आप ही मानव जाति हैं, मनुष्यता हैं। गौर कीजिए इस पर, कृपा करके, अगर आपका मन हो तो, इसे ध्यान से सुनिए।

जानते हैं?– सुनना एक महान कला है। यह उन महान कलाओं में से एक है जिन्हें हमने अपने जीवन में विकसित नहीं किया है : पूरी तरह से किसी को सुनना। जब आप किसी को पूरी तरह से सुनते हैं–जैसा कि, मुझे उम्मीद है आप इस वक्त कर रहे हैं–तब आप अपने आप को भी सुन रहे होते हैं, आप सुन रहे होते हैं अपनी खुद की समस्याओं को, अनिश्चितताओं को, अपनी दुर्दशा, अपनी भ्रम-भ्रान्ति, सुरक्षा की अपनी चाह को, अधिकाधिक यांत्रिक होते जा रहे इस मन के सिलसिलेवार पतन को। हम साथ-साथ इस पर चर्चा कर रहे हैं कि मनुष्य प्राणी–जो कि आप हैं–क्या है?

तो मानसिक तौर पर आप यह संसार हैं, और यह संसार है आप। आपके केश काले हो सकते हैं, चेहरे कुछ-कुछ गेहुँए; दूसरे अपेक्षाकृत लम्बे हो सकते हैं, ज़्यादा गोरे, या उनकी आँखों की बनावट तिरछी हो सकती है, पर वे चाहे जहाँ रह रहे हों, चाहे जिस जलवायु में, चाहे जिन परिस्थितियों में, समृद्ध हों या न हों, सारे मनुष्य प्राणी, आप ही की मानिंद, इस खलबली से, ज़िन्दगी के इस शोर-शराबे से गुज़रा करते हैं, किसी भी तरह के सौन्दर्य से वंचित, बिछी घास के वैभव या उस फूल की शान पर एक भी नज़र डाले बिना। तो आप और मैं और वे अन्य ही यह संसार हैं, क्योंकि आप तकलीफ में हैं, आपका पड़ोसी तकलीफ में है। हो सकता है वह पड़ोसी दस हज़ार मील दूर रहता हो, पर वह आपके समान ही है। आपकी संस्कृति भिन्न हो सकती है, भाषा भिन्न हो सकती है, पर बुनियादी तौर पर, भीतर, गहरे कहीं, आप दूसरे की तरह ही तो हैं। यह एक तथ्य है। यह कोई परिकल्पना नहीं है, कुछ ऐसा नहीं है जिस पर आपको विश्वास करना पड़े; यह तो बस तथ्य है। अतएव आप यह संसार हैं, और यह संसार आप।

जैसा कि मैं कह रहा था, सुनने की कला हमने खो दी है–मसलन इस प्रकार के वक्तव्य को सुन पाना कि यह संसार है आप, और आप हैं यह संसार। हो सकता है कि आपने इस तरह की बात पहले कभी सुनी ही न हो, और इस वजह से यह आपको बड़ी अजीब, तर्कहीन अथवा

अवास्तविक लग रही हो। तो इसे आप आधा-अधूरा सुन लेते हैं, और आपका मन करता है कि अच्छा हो मैं किन्हीं अन्य विषयों पर बात करूँ। तो आप किसी भी बात की सच्चाई को असल में कभी सुनते ही नहीं। यदि मेरा अनुरोध आपको मान्य हो, तो कृपया सुनिए, न केवल इस वक्ता को, बल्कि अपने आप को भी, जो भी आपके मन में, आपके हृदय में घटित हो रहा है उसे, स्वयं में उठने वाली प्रतिक्रियाओं को, जो भी होता हो उसे सुनिए। उस सब को सुनिए। उन पंछियों को सुनिए, उस गुज़रती हुई कार की आवाज़ को सुनिए, ताकि आप संवेदनशील हों, जीवन्त हों, सक्रिय हों। अगर आप उस तरह से सुन पाएँ, तो हम आगे बढ़ सकते हैं।

वैज्ञानिकों के अनुसार, मनुष्य का क्रमविकास वानर से हुआ है, जिसमें कई-कई सहस्राब्दियाँ लगी हैं। हमारा मस्तिष्क अनेकानेक सहस्राब्दियों का परिणाम है। वह मस्तिष्क, वह मानव मस्तिष्क, अब भय, चिन्ता, राष्ट्रीय दम्भ-दर्प एवं भाषायी सीमाओं इत्यादि के द्वारा संस्कारबद्ध है। तो मुद्दा यह है : एक भिन्न समाज के निर्माण के लिए आपको—आप जो कि शेष मनुष्य जाति भी हैं—एक मनुष्य के नाते बुनियादी तौर पर बदलना होगा। वास्तविक मुद्दा यही है, न कि युद्ध कैसे टाले जाएँ—वह भी एक मुद्दा है, विश्व में शान्ति कैसे कायम हो—ये सब तो हाशिये के, दोयम मुद्दे हैं। आधारभूत प्रश्न तो यह है : क्या मनुष्य मन, जो कि आपका मन, आपका हृदय, आपकी अवस्था है, क्या उसके लिए पूरी तरह से, गहराई से रूपान्तरित होना सम्भव है? अन्यथा हम एक-दूसरे को नष्ट करने जा रहे हैं, अपनी भाषागत सीमाओं के ज़रिये, अपने राष्ट्रीय गर्व के ज़रिये, अपने राष्ट्रवाद के ज़रिये जिसे राजनेता अपने खुद के फायदे वगैरह के लिए कायम रखते हैं।

आशा है मैंने इस बिन्दु को अच्छे से स्पष्ट कर दिया है : यह कि

क्या आपके लिए एक मनुष्य के रूप में, जो मानसिक स्तर पर, आन्तरिक रूप से शेष मनुष्य जाति भी है, जो बाकी दूसरे मनुष्यों की तरह इस संसार में रह रहा है, क्या आपके लिए बदलना सम्भव है? सवाल यह नहीं है कि ''बदलना किस चीज़ में है?'' जब हम कहते हैं, ''बदलिये,'' तो आप यह पूछ सकते हैं कि ''इससे, बदलना किसमें है?'' यदि आप यह प्रश्न पूछते हैं, जैसा कि आप करने ही वाले हैं, तब आप क्या होना चाहिए को प्रक्षेपित कर रहे होते हैं।

पश्चिम में लोगों के विविध समूह हैं और सम्भवतः पूर्व में भी, जिनका कहना है, ''मनुष्य को आधारभूत रूप से परिवर्तित नहीं किया जा सकता। वह सहस्राब्दियों से इसी भाँति रहता आया है और उसकी दशा को बदलना असम्भव है। आप इसमें हेर-फेर कर सकते हैं, आप इसे थोड़ा-बहुत बदल सकते हैं, लेकिन मनुष्य की दशा जैसी भी है, उसे बुनियादी तौर पर कभी नहीं बदला जा सकता।'' और दूसरे वे हैं जो कहते हैं, ''माहौल को बदल डालिए, सामाजिक संरचना को बदल दीजिए, तब मनुष्य बदलने के लिए विवश हो जाएगा।'' साम्यवादी यही कहते आ रहे हैं : ''बाहरी ढाँचे को बदलिए, आर्थिक, सामाजिक ढाँचे और सम्बन्धित चीज़ों को बदलिए, तब उन हालात में रह रहा मनुष्य भी बदल जाएगा।'' और फिर वे अन्य हैं जो कहते हैं, ''ईश्वर में आस्था रखिए, और जितनी गहरी यह आस्था होगी, उतनी ही व्यापकता से आपकी समस्याओं का समाधान मिलता जाएगा।''

ये तीन मुख्य पक्ष हैं और निश्चय ही अनेक अन्य गौण मत भी हैं। ये सभी प्रणालियाँ विभिन्न रूपों में, विभिन्न नामों के तहत, बारम्बार आज़मायी गयी हैं, लेकिन सहस्राब्दियों से आदमी जैसा था, तकरीबन वैसा ही रहा है। आपकी ही तरह पीड़ा भोगता हुआ, चिन्तित, अकेला, अनिश्चित, असुरक्षित और भयभीत। जब कोई इन तथ्यों को देख लेता है—और ये तथ्य हैं—तब प्रश्न है, आदमी क्या करे?

क्या हमारे बीच संवाद हो पा रहा है? क्या आप उस दर्पण में देख

रहे हैं जो वक्ता आपके सामने रख रहा है, वह दर्पण जो कि आप स्वयं हैं? हम जो बात कर रहे हैं वह मनुष्य के व्यवहार के, उसके दैनिक जीवन में हो रहे अनगिनत विक्षोभों के बारे में है, औरों के साथ उसके सम्बन्धों व इस तरह के अन्य मसलों के बारे में है। जब तक इस सब को बहुत ही स्पष्टता और गहराई से व्यवस्थित नहीं कर लिया जाता, तब तक ध्यान एकदम बेमानी है। यदि आपका घर ही—घर यानी आप खुद—व्यवस्थित नहीं है, और आप ध्यान करने की कोशिश करने में लगे हैं, ज़ेन या तिब्बती या बौद्ध अथवा हिन्दू पद्धति से या किसी गुरु की ताज़ातरीन ईजाद के मुताबिक, तब आपका ध्यान करना आपको केवल भ्रान्तियों में ले जा रहा है। इसकी कोई असलियत नहीं है। असल मुद्दा यह है कि हम सही नींव डालें; वह नींव है, हमारे जीवन में व्यवस्था।

हम अव्यवस्था में जीते हैं, अन्तर्विरोध में जीते हैं : हम कहते कुछ हैं, करते कुछ और ही हैं; हम किसी चीज़ में विश्वास करते हैं, पर करते ठीक उसका उलट हैं। आप किसी ढब-ढंग के ईश्वर में, या जो भी आपका इष्ट है, उसमें विश्वास रखते हैं पर उस विश्वास की आपके दैनिक जीवन में कोई हकीकत नहीं होती। चाहे आप ईसाई हों, या बौद्ध हों या जो भी आपका धर्म हो, आपके विश्वास, आपकी रूढ़ियाँ, आपके विधि-निषेध, इन सब की आपके दैनिक जीवन में कोई असल हकीकत नहीं हुआ करती। तो इन सब को तो आप परे हटा सकते हैं, अपनी तमाम धार्मिक रूढ़ियों, विश्वासों, अवधारणाओं और छवियों को परे कर सकते हैं; और यह जीवन जैसा है, उसका ठीक उसी रूप में सामना कर सकते हैं, किन्हीं भी काल्पनिक रोमानी छवियों के ज़रिये पलायन किए बगैर।

सम्भवतः आपमें से कुछ इस सब पर ऐतराज़ उठाएँगे। मुझे खुशी है। अगर आप ऐतराज़ उठा रहे हैं, तो इसका मतलब है कि कम-से-कम

आप साथ-साथ सोच तो रहे हैं। लेकिन आपको ऐतराज़ है, तो पता लगाइए; सिर्फ ऐतराज़ उठा कर मत रह जाइए। बिना लिहाज़ किए सवाल उठाना मनुष्य के ज़िन्दा रहने, बने रहने के लिए अनिवार्य है। सवाल ज़रूर उठाइए, सिर्फ इस वक्ता के कथन पर ही नहीं, बल्कि अपने विश्वासों पर, अपनी जीवन-पद्धति पर भी, आप क्यों इस तरह सोचते हैं, आप क्यों इस तरह जीते हैं, इन सब पर सवाल खड़ा कीजिए। सतत, निस्संकोच सवाल उठाने का अर्थ है सन्देह करना। सन्देह का बड़ा महत्त्व है क्योंकि यदि आप सन्देह करते हैं, तो इससे आपको विपुल ऊर्जा मिलती है। आप उन बोझों को उतार फेंकना शुरू करते हैं जिन्हें मनुष्य ने—पुरोहितों, विश्लेषकों, मनोवैज्ञानिकों, और दूसरों ने आपके ऊपर लाद दिया है। तो आप मानसिक रूप से मुक्त होने लगते हैं, कम-से-कम कुछ-कुछ।

तो हम साथ-साथ मानव-मन का अनुसंधान कर रहे हैं, जो हज़ारों-हज़ार वर्षों में विकसित हुआ है। अब हम एक ऐसे बिन्दु पर पहुँच चुके हैं जहाँ हम एक-दूसरे को अपने मूढ़तापूर्ण राष्ट्रवाद के चलते नष्ट करने जा रहे हैं। या फिर, हम बने रहने वाले हैं, हमारा अस्तित्व कायम रहेगा, कायम इन अर्थों में कि हम नये सिरे से जीवन जिएँगे, ऐसे स्वतन्त्र मनुष्य होंगे जिन पर अब उन सारे मत-सिद्धान्तों, परिकल्पनाओं और विचारों का बोझ नहीं है जिन्हें शुरू से तमाम पुरोहित, 'प्रीस्ट', हम पर थोपते आये हैं। कोई भी हमें बचाने नहीं आ रहा, न तो पुरोहित, न ही वैज्ञानिक, न राजनेता, न ही अर्थशास्त्री या कि पर्यावरणवेत्ता। मानव जाति को जो बचाने वाला है, वह है : आप; आपका स्वयं को रूपान्तरित करना। अतः हम धीरे-धीरे इस मुद्दे को खँगालें।

पहली बात तो यह, सम्बन्धों में गति का नाम ही जीवन है। सम्बन्ध के बिना आप जी ही नहीं सकते। जीवन के मायने ही हैं सम्बन्ध और कर्म।

तो पहले हम इस पर गौर करें कि सम्बन्ध से हमारा आशय क्या है? यह महत्त्वपूर्ण है क्योंकि आदमी निपट अपने साथ नहीं जी सकता। वह सदा इस या उस चीज़ से सम्बन्धित होता है। वह किसी अन्य मनुष्य से सम्बन्धित होता है, या उसका सम्बन्ध किसी विचार से, किसी धारणा से, किसी छवि से होता है, और इस सब का अर्थ है आपके और दूसरे के बीच सम्बन्ध। अब, दूसरे के साथ आपका सम्बन्ध क्या है? यह एक समस्या हुई, क्योंकि दूसरे के साथ हमारे सम्बन्ध ने ही—वह चाहे घनिष्ठ हो, या न हो—इस समाज को बनाया है, जिसमें हम रहते हैं। यदि हम लालची, ईर्ष्यालु और हिंसक हैं, तो हम हिंसा, लालच और ईर्ष्या से भरा समाज रचेंगे। तो हमारे लिए शुरू से ही एकदम स्पष्ट होना, और यह मालूम करना ज़रूरी है कि सम्बन्ध क्या होता है?

क्या इस सब में आपकी दिलचस्पी है? इसे लापरवाही से न लें। क्या यह पता लगाने में आपकी गहरी दिलचस्पी है कि सम्बन्ध होता क्या है? आपका किसी दूसरे के साथ वस्तुतः क्या सम्बन्ध है, यह मालूम करना चाहते हैं आप? या आपको डर लगता है? किस बात पर टिका है आपका सम्बन्ध, वह चाहे अपनी पत्नी के साथ हो, अपने पड़ोसी के साथ हो, या आपके यहाँ की सरकार के साथ, या फिर किसी और के साथ हो? क्योंकि सम्बन्ध की इस समझ का होना नितान्त ज़रूरी है, महज़ शाब्दिक या बौद्धिक समझ नहीं, अपितु सम्बन्ध की गहराई, सम्बन्ध के भरे-पूरेपन की समझ।

मनुष्य का सम्बन्ध के बिना कोई वजूद ही नहीं है। जीवन सम्बन्ध है, जीवन कर्म है। ये दोनों मनुष्य जीवन के लिए आधारभूत हैं। तो किसी और के साथ हमारा वर्तमान सम्बन्ध क्या है? आपका अपनी पत्नी के साथ या अपने पति के साथ क्या रिश्ता है? या उस पुरोहित से—वह पुरोहित बौद्ध हो, हिन्दू हो, या ईसाई हो—क्या रिश्ता है आपका? आपका कोई भी सम्बन्ध, क्या है? जब आप ध्यान से इसकी जाँच करते हैं, तो आप देखेंगे कि आपका सम्बन्ध तस्वीरों पर, छवियों पर आधारित है—वह छवि

जो आपने ईश्वर के बारे में बनायी है, बुद्ध के बारे में, अपनी पत्नी के बारे में; या फिर वह छवि जो आपकी पत्नी ने आपके बारे में बनायी है। यह एक तथ्य है, है कि नहीं? आपके और आपकी पत्नी के बीच छवियाँ मौजूद हैं, जो कि रोज़ का किस्सा है। दो जनों के बीच छवि की मौजूदगी है : वह आदमी अपनी पत्नी के बारे में कोई छवि रचता है, और पत्नी उसके बारे में छवि बना लेती है, और जो भी सम्बन्ध है वह इन दो छवियों के बीच होता है। और ये छवियाँ बनती हैं दैनिक सम्पर्क के ज़रिये, सेक्स, झुँझलाहट, सुख-सुविधा, वगैरह, वगैरह से।

हर कोई अपने हिसाब से दूसरे की कोई छवि बना लेता है, और उसकी अपने बारे में भी एक छवि होती है। ईश्वर के बारे में, अपने धार्मिक इष्टदेव के बारे में भी उसने छवि बना रखी होती है, क्योंकि जब वह कोई छवि निर्मित करता है, तो उसमें उसे एक सुरक्षा मिलती है, चाहे वह कितनी भी झूठी, कितनी भी अवास्तविक और बावलेपन की हो। जिस छवि को मन ने गढ़ा है, उसमें उसके लिए सुरक्षा होती है। जब आप अपनी पत्नी के बारे में कोई छवि रचते हैं, या आपकी पत्नी आपके बारे में छवि बनाती है, तो वह छवि असलियत तो होती नहीं। जो असल है, उसके साथ रहना-जीना कहीं अधिक कठिन होता है, और अपनी ही बनायी किसी छवि के साथ अपेक्षाकृत बड़ी आसानी से जिया जा सकता है।

तो यह सम्बन्ध छवियों के बीच हुआ करता है, और इसलिए यह कोई सम्बन्ध नहीं होता; यह एक तथ्य है। ईसाई एक खास छवि की आराधना करता है; वह छवि सैकड़ों सालों में पुरोहित के द्वारा, आराधक के द्वारा निर्मित की गई है, जो कहा करता है, ''मुझे राहत-आराम चाहिए, सुरक्षा चाहिए, कोई ऐसा चाहिए मुझे, जो मेरी देख-रेख करे, मेरा तो बुरा हाल है, मैं दिग्भ्रमित हूँ, मैं असुरक्षित हूँ।'' और उस छवि में वह सुरक्षा ढूँढ लेता है। तो हम छवियों के आराधक बन गए हैं, सत्य के आराधक नहीं, नेकी-सच्चाई की ज़िन्दगी के आराधक नहीं, बल्कि हम छवियों की पूजा में रत हैं, राष्ट्र की छवि उसके अपने झंडे के साथ, वह छवि जो

आपने किसी वैज्ञानिक की, किसी सरकार की और इस तरह की तमाम चीज़ों की बनायी हुई है। छवि-निर्माण इन्सानी कमज़ोरियों में से एक है। तो क्या यह मुमकिन है कि किसी भी बारे में कोई छवि हो ही नहीं, और केवल तथ्यों के साथ जीना हो। तथ्य वह होता है जो असल में हो रहा है।

मन छवि क्यों रचा करता है? जीवन कोई छवि तो नहीं है। जीवन तो एक संघर्ष है, जद्दोजहद है, दुर्भाग्यवश। जीवन अनवरत द्वन्द्व है, टकराव है। द्वन्द्व कोई छवि नहीं है। जो भी हो रहा है वह एक तथ्य है, लेकिन मन छवियाँ क्यों गढ़ लिया करता है? इस वक्ता का छवियों से आशय है कोई प्रतीक, कोई अवधारणा, कोई निष्कर्ष, कोई आदर्श। ये सभी छवियाँ ही तो हैं; अर्थात, जो मुझे होना चाहिए : ''मैं यह नहीं हूँ, पर मैं वह होना पसन्द करूँगा''। यह मन द्वारा समय में प्रक्षेपित एक छवि है। और वह भविष्य में है, इसलिए वह अवास्तविक है। वास्तविक वह है जो अभी आपके मन में असल में चल रहा है। इस बिन्दु से आगे बढ़ें?

तो हम जानना चाह रहे हैं, ''मन किसी छवि का निर्माण क्यों किया करता है?'' क्या इसलिए, क्योंकि छवि में सुरक्षा होती है? अगर मेरी पत्नी है, तो मैं उसके बारे में एक छवि गढ़ लेता हूँ। 'पत्नी' यह शब्द ही एक छवि है। मैं यह छवि इसलिए रचता हूँ क्योंकि पत्नी तो जीती-जागती शै है, परिवर्तनशील, जीवित, जीवन्त इन्सानी हस्ती, और उसे समझने के लिए कहीं अधिक तवज्जो, अधिक ऊर्जा की दरकार होगी। लेकिन मैंने अगर उसके बारे में एक छवि बना ली है तो उसके साथ रहना कहीं ज़्यादा आसान है।

क्या आपकी खुद के बारे में कोई तस्वीर नहीं है कि आप एक महान व्यक्ति हैं, या कि आप एक महान व्यक्ति नहीं हैं, कि आप यह हैं या वह हैं इत्यादि? जब आप इन तस्वीरों, इन छवियों के साथ जीते हैं तो आप भ्रान्तियों के साथ जी रहे होते हैं, यथार्थ के साथ नहीं। अब, छवि-निर्माण की प्रक्रिया क्या है? समस्त संगठित, जन-स्वीकृत, प्रतिष्ठित धर्मों की हमेशा

कोई न कोई छवि होती है। और मानव जाति, पुरोहितों की सहायता से, प्रतीक, विचार और धारणा आदि को सदा से पूजती आयी है। उस पूजा में उसने पाया है चैन-आराम, सुरक्षा, सुनिश्चितता का एहसास, किन्तु वह छवि विचार का ही प्रक्षेपण है। और छवि-निर्माण की प्रकृति को समझने के लिए आपको विचार की समग्र प्रक्रिया को समझना होगा।

तो सवाल उठता है कि विचार क्या है? विचार करने का काम ही तो आप दिन भर किया करते हैं। आपके नगर, आपके अस्त्र-शस्त्र आपकी विचारणा का ही तो परिणाम हैं। आपके धार्मिक और राजनीतिक नेता, ये सभी विचार व छवि-निर्माण की ही तो देन हैं। कवियों की अभिव्यक्ति सुन्दर हो सकती है, पर उसमें भी सोच-विचार का सिलसिला तो जारी रहता है। यदि आप संजीदा हैं और इस प्रश्न की गहराई में जाना चाहते हैं कि सोचना क्या है, तो तहकीकात ज़रूरी है। इस समय आप सोच रहे हैं। तो इस छवि-निर्माण की प्रक्रिया को समझने के लिए, जो कि मानव जाति के लिए इस कदर आम बात है, हमें इस प्रश्न में प्रवेश करना होगा कि विचार क्या है, और उसकी प्रकृति क्या है?

विचार ने प्रकृति का सृजन नहीं किया है। बाघ, नदी, अद्भुत वृक्ष, जंगल और पहाड़, छायाएँ और पृथ्वी का सौन्दर्य, मनुष्य ने इनकी रचना नहीं की है। किन्तु मनुष्य ने विचार के माध्यम से युद्ध के विनाशकारी तन्त्र का निर्माण किया है; साथ ही उसने चिकित्सा और शल्यक्रिया के क्षेत्र में अच्छी-खासी प्रगति भी की है। मनुष्य ने विचार के ज़रिये त्वरित संचार-व्यवस्था आदि को अंजाम दिया है। विचार उत्तरदायी रहा है ढेर सारी अच्छाइयों के लिए और ढेर सारी बुराइयों के लिए भी, यह एक तथ्य है। और जो शख़्स गम्भीर है, संजीदा है, अवश्य जानना चाहेगा कि क्या विचार इन समस्याओं में से किसी को भी कम कर पाएगा। तो आपको यह ज़रूर पूछना चाहिए कि क्या आपमें यह जानने की वाकई जिज्ञासा है कि विचार क्या है? क्या आप वाकई गम्भीर हैं इस तहकीकात के बारे में?

विचार स्मृति की प्रतिक्रिया है, जो मस्तिष्क में ज्ञान के रूप में संचित रहती है। ज्ञान अनुभव से आता है। मानव जाति ने हज़ारों अनुभव प्राप्त किए हैं जिनसे उसने ज्ञान की राशि उपलब्ध की है—तथ्यात्मक, या भ्रान्तिपूर्ण, या असन्तुलित, महज़ दिमागी फितूर से उपजी चीज़ें। मनुष्य ने ढेर सारा ज्ञान संचित किया है। वह ज्ञान स्मृति की शक्ल में मस्तिष्क के भीतर संग्रहीत है, और जब आप कोई प्रश्न पूछते हैं तो स्मृति विचार के रूप में प्रत्युत्तर देती है; यह एक सच्चाई है। इस मसले पर हमने कई वैज्ञानिकों से चर्चा की है; उनमें से कुछ इससे पूरी तौर पर सहमत नहीं हैं, जबकि कुछ हैं। इसे आप खुद देख-समझ सकते हैं : तात्पर्य यह कि आप किसी अनुभव से गुज़रते हैं, आपको वह अनुभव याद रह जाता है जो कि ज्ञान है, जानकारी है, और वह जानकारी, अपनी स्मृति समेत, विचार को प्रक्षेपित करती है, आगे फेंकती है।

यदि आपको अनुभव नहीं हो, आपमें जानकारी और स्मृति न हों, तो आप विचार नहीं कर सकते। तो अनुभव के ज़रिये जानकारी, स्मृति, एवं किसी चुनौती को उस स्मृति द्वारा दिया जाने वाला प्रत्युत्तर, जो कि विचार है। इसी विचार पर हम जीते हैं। जानकारी हमेशा सीमित होती है : किसी भी चीज़ के बारे में सम्पूर्ण जानकारी, सम्पूर्ण ज्ञान जैसा कुछ होता ही नहीं। इसलिए विचार सदा सीमित होता है। विचार खूबसूरत गिरजाघर निर्मित कर सकता है, अद्भुत प्रतिमाएँ, शानदार कविताएँ, भव्य महाकाव्य आदि रच सकता है। किन्तु ज्ञान से, जानकारी से उत्पन्न हुए विचार ने सदा सीमित रहना ही है क्योंकि ज्ञान सदा अपूर्ण होता है, ज्ञान सदा अज्ञान के साये में रहता है। तो इन छवियों की रचना विचार ने की है।

अब हम पूछ रहे हैं, ‘‘क्या यह दैनिक जीवन, बिना एक भी छवि के, जी पाना सम्भव है?’’ यहाँ से आपको जब अपने घर जाना हो, तो विचार को सक्रिय होना ही होगा; आपको इसकी जानकारी होनी चाहिए कि आपका घर कहाँ हैं, आपको जाना कौन-से रास्ते से है, इत्यादि। वह जानकारी बेशक अनिवार्य है, नहीं तो आप एकदम भटक जाएँगे। इस

वक्ता को अंग्रेज़ी बोलने के लिए जानकारी की ज़रूरत है। लेकिन क्या किसी छवि का रचा जाना एक ज़रूरत है? क्या आप अपना जीवन एक भी छवि निर्मित किए बिना जी सकते हैं? जिसका अभिप्राय है बिना किसी आस्था-विश्वास के (इसका यह मतलब भी नहीं कि आप एक अस्त-व्यस्त जीवन जीने लगें), बिना किसी आदर्श के, बिना किसी धारणा के जो कि सब-के-सब विचार के प्रक्षेपण हैं, सदैव सीमित। अतएव हमें यह सवाल पूछना होगा कि क्या कोई ऐसा कर्म है जो सभी परिस्थितियों में सही हो?

आपके मन ह्रासोन्मुख हैं, उनका पतन होता जा रहा है, वे यांत्रिक बनते जा रहे हैं, दिशाहीन, और इसीलिए युवा वर्ग भी इसी भटकाव की राह पर है। आप राह भूले मनुष्य हैं। हो सकता है आपके पास काम-धंधा हो, मकान हो, तमाम किस्म की चीज़ें हों, लेकिन भीतर से आप भटके हुए, अनिश्चित, अस्पष्ट हैं, आपको समझ नहीं आ रहा कि किस बात का विश्वास किया जाए। अतः, इस कारण से, हमारे लिए विचार के पूरे तात्पर्य को समझना ज़रूरी हो जाता है। हम विचार के आसरे जीते आये हैं। जो कुछ भी हम करते हैं, वह विचार पर ही आधारित होता है। और जिस तरह विचार अधूरा है, हमारा कर्म, हमारा जीवन भी अधूरा है। इसकी अपूर्णता से हम अवगत हैं और हमारी यह कोशिश चलती रहती है कि हम खुद को किसी ऐसी चीज़ से भर लें, जो हमें पूर्णता का एहसास दे सके।

इस तरह, हमारा जीवन एक अनवरत संघर्ष है और हम यह कह रहे हैं कि इस द्वन्द्व का, इस लड़ाई का—जो हमारे खुद के भीतर और बाहर भी जारी है—अन्त हो सकता है। इसका अन्त तभी हो सकता है जब आप स्वयं को समझ लें, किसी पुरोहित के अनुसार नहीं, किसी मनोवैज्ञानिक अथवा किसी प्रोफेसर के अनुसार नहीं, बल्कि अपने आप को अपने सम्बन्ध के दर्पण में देखते हुए। यही वह दर्पण है, जिसमें आप अपना अध्ययन कर सकते हैं, स्वयं को जान सकते हैं—आप क्या हैं, आप क्यों ये बातें सोचते हैं, आप क्यों इस तरह से व्यवहार करते हैं? सम्बन्धों के उस दर्पण में आपको ये सारे जवाब मिल जाएँगे।

आप मानव जाति का इतिहास हैं, उसकी गाथा हैं। आप ही वह किताब हैं जिसमें आप अपने बारे में सब कुछ पढ़ सकते हैं, इसके लिए आपको किसी मार्गदर्शक, किसी पुरोहित, किसी गुरु या किसी दार्शनिक की ज़रूरत नहीं है। आप स्वयं उस किताब को पढ़ सकते हैं जो कि आप ही हैं। जब तक आप इसे बहुत ध्यान से नहीं पढ़ते, इसकी सारी अर्थ-छटाओं को, इसमें जारी सारे क्रियाकलाप को नहीं सुनते, तब तक आपमें हमेशा, लगातार लड़ाई चलती रहेगी, हमेशा आप दुःख उठाते रहेंगे, हमेशा डरे-डरे रहेंगे। अतः एक बुद्धिमान, गम्भीर मनुष्य के लिए उचित होगा कि वह मानव जाति की इस कहानी को पढ़े, जो आपकी ही कहानी है। वह कहानी कोई छवि नहीं है; वह तो इस कहानी का एक हिस्सा है। तो आपको अवलोकन करना होगा, देखना होगा। जिसका मतलब है कि आपको बड़े ध्यान से सुनना होगा अपने विचारों को, अपनी प्रतिक्रियाओं को, अपनी अनिश्चितताओं को, अपनी ज़िन्दगी में खुशी की नामौजूदगी को; इन सब को सुनना होगा आपको। मालूम कीजिए, पता लगाइए। सुनने में ही उत्तर मौजूद है। लेकिन आपको सुनने की इस कला को सीखना होगा, जिसमें निहित है कि जो भी आप पढ़ रहे हों, देख रहे हों, उसकी आपको व्याख्या नहीं करनी है, बल्कि बिना किसी तोड़-मरोड़ के उसका अवलोकन करना है, बस देखना है उसे।

क्या आपने कभी किसी बादल को निहारा है? हाँ, ज़रूर निहारा होगा। इस देश में तो आसमान बादलों से भरा होता है। तो क्या आपने उन्हें देखा है? कैसी भव्य उपस्थिति होती है उनकी, शानदार, असाधारण प्रकाश और सौन्दर्य सँजोए हुए। जब आप किसी चीज़ को देखते हैं, आप हमेशा उसका नाम कह देते हैं, सोच लेते हैं। इस नाम की मौजूदगी ही आपके देखने को बाधित कर देती है, रोक देती है। तो यह मन शब्दों का एक गुलाम बन कर रह गया है। शब्द मापन हैं, माप-तोल हैं, और अगर आप किसी मापन के—जो कि शब्द है—बगैर अवलोकन करते हैं, तो आप चीज़ों को ठीक जस-का-तस देख पाते हैं। तो स्वयं का निरीक्षण

करें, अपने आप को ठीक वैसा ही देखें, जैसे कि वस्तुतः आप हैं, बिना किसी बिगाड़-सुधार, बिना किसी दिशा-निर्देश, बिना किसी लक्ष्य-प्रयोजन के, बस देखें भर। आप इस वक्तव्य को सुनते हैं, और कहने लगते हैं ''आप बताइए, इसे करें कैसे।'' ठीक? क्या यही आपका प्रश्न नहीं है? आप ऐसा प्रश्न क्योंकर उठाते हैं?

अभी एक बात कही गयी कि किसी दिशा-निर्देश, किसी प्रयोजन के बिना इस देखने में, इस स्वयं को ध्यान से सुनने में, आप मानव जाति की—जो कि आप स्वयं हैं—कहानी पढ़ना आरम्भ करते हैं। यही वास्तविक शिक्षा है, केवल डिग्रियाँ और किस्म-किस्म का ज्ञान अर्जित कर लेना भर नहीं। वास्तविक शिक्षा यह है : मानव जाति की इस किताब में—जो आप खुद ही हैं—अपने जीवन को पढ़ना। और इस किताब को पढ़ने के लिए आपको निगाह रखनी है अपनी हर प्रतिक्रिया पर, हर विचार पर, जो त्वरित गति से परिवर्तित हो रहा है, एक विचार दूसरे का पीछा करता हुआ। आपको इसे देखना मात्र है, इसे नियंत्रित करने का, इस पर हावी होने का या इसे परे हटा देने का प्रयत्न नहीं करना है। तब आप कहेंगे, ''इसे करना तो बहुत कठिन है, और चूँकि यह कठिन है, आप हमें बताइए कि इसे करना कैसे है—कोई विधि?''

जब आप 'कैसे' का सवाल उठाते हैं, तो उसमें निहित क्या होता है? आप जानना चाहते हैं कि इस किताब को कैसे पढ़ें, जैसे एक बच्चा जानना चाहता है कि वह वर्णमाला कैसे पढ़े। उसे वर्णमाला सीखनी होती है, उसे ध्यानपूर्वक सिखाया जाता है, कि अ, आ, इ, इत्यादि कैसे लिखे जाने हैं। लेकिन यहाँ 'कैसे' का सवाल नहीं है : आप बस देख रहे होते हैं। जिस क्षण आप पूछते हैं 'कैसे?'—आप किसी पद्धति, किसी विधि की माँग कर रहे होते हैं। और जब आप स्वयं को समझने के लिए किसी विधि, किसी पद्धति का अभ्यास करते हैं, आप यांत्रिक बनते जाते हैं। आप एक जीती-जागती हस्ती हैं, और किसी जीती-जागती हस्ती को किसी प्रणाली-पद्धति के ज़रिये नहीं समझा जा सकता। आपको इसे देखना होता

है, इसके साथ-साथ गति करना और इसे समझना होता है, और ऐसा करना कई लोगों के लिए बड़ा कठिन होता है, और इस वजह से वे कहने लगते हैं, ''मुझे यह बताइए कि इसे जल्दी से कैसे कर लें।''

इस सब के सन्दर्भ में, जल्दी से निपट लेने का कोई रास्ता नहीं है। बस धीरज के साथ स्वयं का अवलोकन करना है। धीरज का तात्पर्य है, तुरन्त प्रतिक्रिया न करना, अपनी धारणाओं, अपनी राय-रुझानों का प्रक्षेपण न करना। वे भी आपका ही अंश हैं, लेकिन आपको उन्हें भी, अपने राय-रुझानों को भी देखना होगा, उनका अवलोकन करना होगा। तो आपको खूब धीरज, गहन अवधान, 'अटेन्शन' की ज़रूरत होगी। परन्तु उसके लिए इस बात की दरकार होती है कि आपकी इसमें दिलचस्पी हो, और इस बात की भी कि यथास्थिति से, चीज़ें जिस हाल में हैं उससे आप असन्तुष्ट हों।

8 नवंबर, 1980

जीवन की किताब

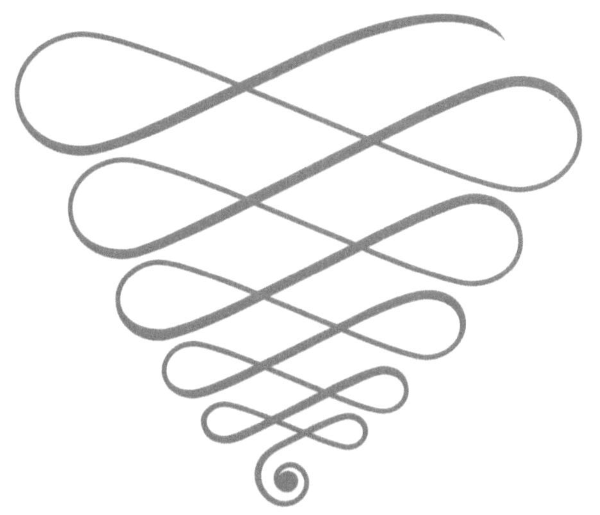

जीवन की किताब

मनुष्य जाति की पूरी कहानी आपमें है। व्यापक अनुभव, गहराई तक जड़ पकड़े हुए भय, दुश्चिन्ताएँ, दुःख, सुख-आसक्ति और युगों-युगों से संचित तमाम मत-विश्वास। आप वह किताब हैं, और उस किताब को पढ़ना एक कला है। उसे किसी प्रकाशक ने नहीं छापा है। वह बेचने के लिए नहीं है। आप उसे कहीं खरीद नहीं सकते। आप किसी विश्लेषक के पास नहीं जा सकते क्योंकि उसकी किताब भी आपके ही जैसी है। न ही किसी वैज्ञानिक के पास जाने का कुछ मतलब है; उसके पास भले ही पदार्थ एवं खगोल विज्ञान के बारे में ढेरों जानकारियाँ हों, लेकिन मानवता की कहानी वाली उसकी किताब तो वैसी ही है जैसी आपकी।

यदि आप बड़े ध्यान से, धीरज के साथ, झिझक के साथ इस किताब को नहीं पढ़ते, तो आप उस समाज को कभी नहीं बदल पाएँगे जिसमें आप रहते हैं, वह समाज जो भ्रष्ट है, अनैतिक है, जिसमें बेइन्तहा गरीबी, अन्याय और ऐसी ही अन्य समस्याएँ हैं। किसी भी संजीदा मनुष्य का सरोकार होंगे वर्तमान संसार के ये मौजूदा हालात—अराजकता, भ्रष्टाचार, और युद्ध, जिससे बड़ा कोई अपराध नहीं। और इस समाज और उसके ढाँचे में आधारभूत परिवर्तन लाने के लिए आपको सक्षम होना होगा यह किताब पढ़ने में जो कि आप खुद हैं। हममें से हरएक ने इस समाज को बनाया है, हमने, हमारे माता-पिता ने, दादा-परदादा ने, सबने। सभी मनुष्य प्राणियों ने इस समाज को रचा है, और जब तक इस समाज में बदलाव नहीं आता,

तब तक इसमें अधिकाधिक विकृति आती रहेगी, युद्ध होते रहेंगे व मानव मन का अधिकाधिक पतन होता जाएगा। यह एक तथ्य है।

तो इस किताब को पढ़ने के लिए, जो कि आप खुद हैं, आपके पास सुनने की कला का होना ज़रूरी है, तभी आप जान पाएँगे कि किताब कह क्या रही है। उसे सुनने का अर्थ है किताब जो कुछ कह रही है उसकी व्याख्या में न उलझते हुए आपको उसे ठीक वैसे देखना है जैसे आप किसी बादल को देखते हैं। बादल के बारे में आप कुछ नहीं कर सकते हैं, ऐसे ही जैसे हवा में झूमते ताड़-पत्तों और सूर्यास्त की सुन्दरता के सन्दर्भ में आप कुछ नहीं कर सकते। आप न तो उसमें संशोधन कर सकते हैं, न ही उससे वाद-विवाद कर सकते हैं और न उसे बदल सकते हैं; वह तो जो है सो है। तो किताब क्या कह रही है यह जानने के लिए आपमें सुनने की कला का होना बेहद ज़रूरी है। आप ही वह किताब हैं, आप किताब से यह नहीं कह सकते कि उसे क्या उद्घाटित करना चाहिए : वह तो सब कुछ प्रकट कर देगी। तो सबसे पहली कला जो हमें आनी चाहिए वह है : इस किताब को सुनने की कला।

एक और कला है और वह है अवलोकन की, देखने की कला। जब आप इस किताब को यानी स्वयं को पढ़ते हैं तो किताब और आप अलग-अलग नहीं होते। कृपया इस बात को समझें। ऐसा नहीं है कि एक तो आप हैं, पाठक, और किताब आपसे अलग कोई वस्तु है, बल्कि यह किताब आप ही हैं। तो आप इस किताब का अवलोकन कर रहे हैं, इसको देख रहे हैं, आप किताब को यह नहीं बता रहे कि इसे क्या कहना चाहिए। अभिप्राय यह कि आपको उन तमाम प्रतिक्रियाओं को पढ़ना है, उनका अवलोकन करना है जिन्हें यह किताब उद्घाटित कर रही है, बिना कुछ बिगाड़े-सँवारे हर पंक्ति को एकदम साफ-साफ देखना है, उन अध्यायों को, पद्यों को, कविताओं को, हर उस बात को जो यह किताब आपको सुना रही है, आपके समक्ष प्रकट कर रही है। तो एक हुई देखने की कला, और एक सुनने की कला।

एक कला और भी है : सीखने की कला। कम्प्यूटर सीख सकते हैं, उन्हें प्रोग्राम किया जा सकता है, और जो कुछ उसे बताया गया होगा, वह उसे दोहरा देगा। यदि कोई कम्प्यूटर शतरंज के किसी उस्ताद खिलाड़ी के साथ शतरंज खेले, तो वह उस्ताद उसे दो या तीन या चार बार बेशक हरा दे, लेकिन वह सीखता रहता है कि इसने गलती कहाँ-कहाँ की है, तब यह उन्हें सुधार सकता है। इस तरह तजुर्बे के ज़रिये कम्प्यूटर सीखता जाता है, ताकि कुछ और खेलों के बाद वह उस उस्ताद खिलाड़ी को हरा सके। हमारा मन ऐसे ही काम करता है। हमें पहले अनुभव होता है, फिर हम ज्ञान, जानकारी संचित करते हैं, और उसे स्मृति के तौर पर मस्तिष्क में संग्रहीत कर लेते हैं; और तब स्मृति के रूप में विचार प्रकट होता है, और उससे फिर कर्मव्यवहार होता है। उस कर्म से हम सीखते हैं, और इसलिए वह सीखना होता है: और अधिक जानकारी का संग्रह मात्र। तब हम पुनः आरंभ करते हैं ; अनुभव, ज्ञान, स्मृति, विचार, और कर्म। यह चक्र हम सभी के साथ सारा समय चलता रहता है। हर कर्म हमें और जानकारी मुहैया कराता है, और मन अपने अतीत के अनुभव को बदलता, उसमें कुछ फेरबदल करता चलता है और इस तरह यह प्रक्रिया जारी रहती है। वह मन जिसे अपना भान है, जो जागा हुआ है, सारा समय यही किया करता है किसी कम्प्यूटर की मानिंद, और हम उसी राह चलते जाते हैं।

यही हम लगातार कर रहे हैं, जिसे हम सीखना कहते हैं—अनुभव से सीखना। यही मनुष्य की कहानी रही है : सतत चुनौती, और फिर उस चुनौती का जवाब। वह जवाब उस चुनौती के सामने कारगर साबित हो सकता है, कभी उतना कारगर नहीं भी हो सकता, लेकिन यह मन सीखता है और उस ज्ञान को इकट्ठा करता रहता है, और अगली चुनौती का जवाब फिर वह बेहतर, या कमतर ढंग से दे पाता है। तो यह प्रक्रिया हमारे मन में सारा वक्त चलती रहती है, और इसे ही सीखना कह दिया जाता है। आप कोई भाषा सीखते हैं; यानी कि आप शब्दों के मायने सीखते

हैं, वाक्य-विन्यास, व्याकरण, वाक्यों का क्रम, धीरे-धीरे आप एक शब्दावली जमा कर लेते हैं, और अगर आपकी याददाश्त अच्छी है तो आप वह भाषा बोलना शुरू कर देते हैं जिसे आपने अपना वक्त दिया है। सीखने की यही इन्सानी प्रक्रिया है, जिसके तहत हमेशा ज्ञान से ज्ञान की ओर गति होती है। और यह किताब मनुष्यता का समूचा ज्ञान है, मनुष्यता यानी आप। अब या तो आप इस चक्र को सारा वक्त चलाते रहें, या फिर इस चक्र से बाहर निकलने का कोई ढंग मालूम करें। यह बात अभी स्पष्ट हो जाएगी।

मैं यह सब बेहद आसान भाषा में बता रहा हूँ, लेकिन शब्द पर मत जाइए, कोई शब्द स्वयं वह वस्तु नहीं होता जिस ओर वह इंगित करता है। शब्द 'श्रीलंका' स्वयं यह भूमि नहीं है, यह उसकी सुन्दरता, ये ताड़ के दरख्त, ये नदियाँ, शानदार पेड़, फल और फूल नहीं है। तो कोई शब्द वह वस्तु नहीं हुआ करता। 'पति' शब्द वह आदमी नहीं है, वह तो बस एक शब्द है। शब्द हमारे लिए नाप-तोल का एक ज़रिया है। इसलिए इन सभी वार्ताओं के दौरान कृपया इस बात को ध्यान में रखें, कि शब्द कभी भी वह चीज़ नहीं होता। प्रतीक कभी यथार्थ नहीं होता। तस्वीर वह चीज़ नहीं होती जिसकी वह तस्वीर है। अगर यह बात हमारे मन में गहरे घर कर जाए, तब फिर शब्दों का महत्त्व उतना नहीं रह जाएगा। महत्त्व उस वस्तु का है, न कि उस शब्द का।

जैसा कि हमने कहा कि एक देखने की कला होती है, एक सुनने की और एक सीखने की। सीखना यानी वह गति जो अतीत से वर्तमान में आकर उसमें संशोधन करते हुए भविष्य की ओर अग्रसर है। इस पूरे चक्र को ही हम सीखना कहा करते हैं। मनोवैज्ञानिक तौर पर सीखना और साथ ही तकनीकी तौर पर सीखना। इसका अभिप्राय क्या हुआ? यही कि मनुष्य कभी ज्ञात से मुक्त नहीं रहता। हमारा सीखना हमेशा ज्ञात के क्षेत्र में ही रहा करता है, और इसलिए यह मन यांत्रिक बन जाता है। अगर मेरी एक खास आदत है और मैं उस आदत के साथ जी रहा हूँ

तो मेरा मन यांत्रिक, मशीन की मानिंद हो जाता है। अगर मेरा किसी चीज़ में विश्वास है और मैं उसे बार-बार दोहराए चला जाता हूँ, तो यह यंत्रवत् हो जाता है। तो हम यह कह रहे हैं कि हम हमेशा ज्ञात के क्षेत्र में ही जिया करते हैं, अतएव हमारा मन शब्दों का एक ताना-बाना बनकर रह गया है—जो असल में है, वह कभी नहीं होता, बस शब्द, शब्द और शब्द ही हुआ करते हैं, और वे ज्ञान के सँकरे, सीमित क्षेत्र में गतिमान् रहते हैं, बदलते रहते हैं, विकल्प देते रहते हैं।

तो सीखने के निहितार्थ पूर्णतः भिन्न हैं। हमने बहुत स्पष्टता से इस पर बात की है कि देखना क्या होता है, जीवन की किताब को देखना कैसे है, इन पंक्तियों को कैसे पढ़ना है, सुनना कैसे है किताब को, उसमें कभी बिगाड़-सुधार नहीं करना है, कभी उसकी व्याख्या में नहीं पड़ना है, और न कभी यह चुनना है कि आपको क्या पसन्द है क्या नहीं, किसके आप प्रशंसक हैं किसके नहीं। अगर आप वैसा करते हैं, तो आप किताब को पढ़ ही नहीं रहे। हम यह भी कह रहे हैं कि हम सब ज्ञात के सीमित क्षेत्र में ही जिया करते हैं। यह हमारी सतत आदत बन चुकी है; इसलिए हमारे मन—अगर हम अपने मन को जाँचते-परखते हों—दोहराव-भरे हैं, किसी-न-किसी चीज़ के आदी हो गए हैं, अभ्यस्त बन चुके हैं। आप ईश्वर में विश्वास करते हैं, और आप तमाम उम्र ईश्वर में विश्वास किए जाते हैं। अगर कोई आपसे यह कहे कि ईश्वर तो शायद है ही नहीं, तो आप उसे धर्महीन करार दे देते हैं। तो आप आदत में फँसे हुए हैं। अब, हमारा कहना है कि यह तो सीखना नहीं हुआ। सीखना तो कुछ अलग ही बात है : सीखने का तात्पर्य है ज्ञान की, जानकारी की सीमाओं की तहकीकात; उस जानकारी में अटक न जाना।

तो देखने की कला है, सुनने की कला है और सीखने की कला है, जिसका मतलब हुआ उसी-उसी ढर्रे में कदापि न फँसे रहना, और न

ही कोई और ढर्रा ईजाद करना। हर तरह के प्रारूपों, आदर्शों, मूल्यों को निरन्तर ध्वस्त करते रहने का अर्थ यह नहीं है कि आप बिना किसी रोक-टोक के जीने लग पड़ें; इसका मतलब यह कतई नहीं है। बल्कि इसमें निहित है मन की इस प्रारूप-संरचना के प्रति निरन्तर जागरूकता, और इसका विध्वंस, ताकि मन लगातार जाग्रत रहे, चौकन्ना रहे। अब सुनने, देखने और सीखने की इन तीन दक्षताओं के साथ, आइए हम मिलकर जीवन की किताब पढ़ें। आप इस किताब को मेरे साथ पढ़ रहे हैं। मैं आपकी किताब नहीं पढ़ रहा हूँ, हम मनुष्यता की किताब पढ़ रहे हैं जो हैं आप, वक्ता और शेष मानव जाति।

कृपया इस पर थोड़ा ध्यान दीजिए कि हम एक ऐसे समाज में जी रहे हैं जो बेहद नाखुश है, जो टकराव, संघर्ष और लड़ाई-झगड़े में घिरा है; और ऐसा लगता है इस सब का कोई अन्त ही नहीं है। हमारा कहना है कि यदि हम जान सकें कि इस किताब को पढ़ना कैसे है, जो कि आप ही हैं, तो समस्त द्वन्द्व, कोलाहल, क्लेश, वह सब कुछ समाप्त हो जाता है। केवल तभी, सत्य का आगमन आपके जीवन-क्षेत्र में हो पाता है। केवल ऐसा ही मन सच में धार्मिक मन होता है, न कि विश्वासों में जकड़ा या तमाम अनुष्ठानों में रत मन, न ही वह मन जो अजीब-अजीब बाने धारण करता है, बल्कि ऐसा मन, जो उस किताब को पूरी तरह पढ़ने के बाद अब मुक्त है। केवल ऐसा मन ही सत्य के आशिष को ग्रहण कर पाता है। ऐसा मन ही समय के पार जा सकता है, निस्सीम पार।

तो हम यह किताब साथ मिल कर पढ़ रहे हैं, कोई छपी हुई किताब नहीं, बल्कि वह किताब जो कि आप हैं। इसलिए यह आपकी ज़िम्मेदारी है कि आप सुनें, सिर्फ इस वक्ता द्वारा कही जा रही बातों को नहीं, बल्कि उसे भी जिसे यह वक्ता आपकी किताब कह रहा है, यानी आप, इसे अध्याय-दर-अध्याय, पन्ने के बाद पन्ना खोलते हुए पढ़ें, आखिर तक—अगर आप इतनी दूर तक सफर कर सकें। और अगर हमें मौजूदा मानवीय समस्याओं को सुलझाना है, तो हमें साथ मिल कर यह सफर तय करना ही होगा। साथ मिलकर ही हम इसे सुलझा पाएँगे, एक व्यक्ति

के तौर पर नहीं। तो पहला अध्याय क्या है? मेरी गुज़ारिश है कि मिलकर सोचें, यह नहीं कि मैं ही आपको सब बताता रहूँ। तो क्या है इस किताब का पहला अध्याय, और उस अध्याय की अन्तर्वस्तु क्या है?

दैहिक अस्तित्व के अतिरिक्त—यह दैहिक संरचना, देह के तमाम अतिश्रम, रोग, आलस, सुस्ती, समुचित भोजन व समुचित पोषण का अभाव—इस सब के अलावा, पहली गतिविधि, पहली हलचल क्या है? यह अन्वेषण हम साथ मिल कर कर रहे हैं। ऐसा नहीं कि मैं अन्वेषण करके तब आपको बता रहा हूँ, वह तो आपके लिए बड़ा आसान हो जाता। लेकिन अगर हम ऐसा साथ-साथ करते हैं तो यह आपकी अपनी खोज होगी, और जब आप इसे पढ़ने में सक्षम होंगे, तब आपको किसी पुरोहित की ज़रूरत नहीं पड़ेगी, न ही किसी मनोवैज्ञानिक की; आपको किसी पर भी निर्भर होने की ज़रूरत नहीं होगी। आप उस अद्भुत स्वतन्त्रता को महसूस करना शुरू करेंगे जो अपार जीवन शक्ति देती है—मानसिक स्वतन्त्रता की जीवन्तता। तो आइए, इस किताब में एक साथ भागीदार हों। क्या आप मेरी प्रतीक्षा में हैं? मुझे अन्देशा है कि ऐसा ही है, क्योंकि आपने स्वयं को कभी गहराई से देखा ही नहीं। शायद आपने अपना चेहरा देखा होगा, बालों में कंघी की होगी, चेहरे पर पाउडर लगाया होगा, वगैरह; लेकिन आपने कभी अपने भीतर झाँक कर नहीं देखा है।

जब आप अपने अन्दर देखते हैं तो क्या आपको यह पता नहीं चलता कि आप एक सेकेंड-हैंड इन्सान हैं, बस एक नकल हैं? स्वयं को एक सेकेंड-हैंड इन्सान समझना शायद आपको अप्रिय लगे। लेकिन क्या हम दूसरे लोगों द्वारा दी गयीं जानकारियों से भरे हुए नहीं हैं—किसने क्या कहा है, किस दार्शनिक ने, या किस गुरु ने या बुद्ध ने क्या कहा, ईसा ने क्या कहा, आदि। हम इन सब बातों से भरे हुए हैं। यदि आपका

स्कूल, कॉलेज और विश्वविद्यालय जाना हुआ है, वहाँ भी आपको कहा गया है कि आप क्या करें, क्या सोचें। इसलिए यदि आपको इस बात का एहसास हो जाता है कि आप एक सेकेंड-हैंड इन्सान हैं, तब आप मन के उस लक्षण को दूर हटा सकते हैं, और देख पाते हैं।

सबसे पहले हम देखते हैं कि हम अन्तर्विरोधों में जी रहे हैं, हमारे भीतर कोई व्यवस्था नहीं है। और व्यवस्था कोई सुनिश्चित रूपरेखा नहीं है, इसका अर्थ हर रोज़ किसी चीज़ को एक ही जगह रख देना नहीं है। व्यवस्था के निहितार्थ किसी आदत, चलन या मान्यता विशेष के यांत्रिक अनुशासन से कहीं बढ़ कर हैं। हम कह रहे हैं कि व्यवस्था सामान्य, स्वीकृत अनुशासन से बिल्कुल अलग है। अंग्रेज़ी शब्द 'डिसिप्लिन' लैटिन से आया है और इसका अर्थ है सीखना—किसी के अनुसार चलना, नकल, अनुकरण या आज्ञापालन नहीं; बल्कि सीखना। इसलिए इस किताब में, इसके पहले अध्याय में हमें पता चलता है कि हम असाधारण रूप से दिग्भ्रमित और अव्यवस्थित जीवन जी रहे हैं—इधर किसी चीज़ की इच्छा करते हैं और उधर उसे ही नकारने लगते हैं, कहते कुछ हैं और करते कुछ और ही हैं, सोचते कुछ हैं और करते कुछ हैं। तो एक लगातार अन्तर्विरोध बना रहता है। और जहाँ अन्तर्विरोध है, वहाँ द्वन्द्व होगा ही, टकराव होगा ही।

आप यह सब समझ रहे हैं? आपको वक्ता को नहीं समझना है, आप इस किताब को, यानी खुद को देख-समझ रहे हैं और आप देखते हैं कि आप अव्यवस्थित ढंग से जी रहे हैं, आप निरन्तर द्वन्द्व में हैं, तनाव में हैं। वही द्वन्द्व स्वयं को अभिव्यक्त करता है महत्त्वाकांक्षा के रूप में, तृप्ति की चाह एवं आज्ञापालन के रूप में, किसी व्यक्ति, किसी देश, किसी अवधारणा के साथ तादात्म्य व पहचान जोड़ लेने के रूप में; और यह द्वन्द्व इस तरह भी अभिव्यक्त होता है कि असलियत के साथ कभी

जीना ही नहीं हो पा रहा। अतः आप राजनीतिक तौर पर, धार्मिक तौर पर, तथा अपने परिवार में भी अव्यवस्था में ही जिया करते हैं। तो आपको यह पता करना होगा कि व्यवस्था क्या है? यह किताब (जो कि आप ही हैं) ही आपको यह बता देगी, बशर्ते कि आप जानते हों कि इसे पढ़ना कैसे है। यह कह रही है कि आप अव्यवस्था में जी रहे हैं। आगे जाइए, पन्ना पलटिए, वहाँ आपको पता चलेगा कि अव्यवस्था में जीने के मायने क्या हैं? अगर हम अव्यवस्था का, 'डिस-ऑर्डर' का कारण नहीं समझ लेते, तो व्यवस्था, 'ऑर्डर' कभी वजूद में नहीं आएगा।

तो हम पाते हैं कि अव्यवस्था तब तक बनी रहेगी, जब तक अन्तर्विरोध मौजूद है। केवल शब्दों के स्तर पर अन्तर्विरोध नहीं, बल्कि मानसिक अन्तर्विरोध, अर्थात खरा, पूरी तरह से खरा न होना। (जब आप कुछ कहें, तो आपका अभिप्राय वस्तुतः वही हो, आप वही कहना चाह रहे हों—यानी अदम्य सत्यनिष्ठा की मौजूदगी।) अतः हमें अव्यवस्था की प्रकृति को समझना होगा, बौद्धिक या शाब्दिक तौर पर नहीं, बल्कि वस्तुतः। तो किताब कह रही है, ''आप जो पढ़ रहे हैं उसका किसी सूत्र-सिद्धान्त में तर्जुमा न करें; सम्यक् रूप से, सही से इसे पढ़ें।'' जब आप इसे पढ़ रहे हैं, यह कहती है कि आपका अन्तर्विरोध तभी खत्म हो सकता है, जब आप अन्तर्विरोध की प्रकृति को समझ लें। यह अन्तर्विरोध बना रहता है जब विभाजन हो, बाँट हो—हिन्दुओं और मुसलमानों के बीच, यहूदियों और अरब लोगों के बीच, साम्यवादियों तथा गैर-साम्यवादियों के बीच, और यह जो सतत विभाजनकारी प्रक्रिया चालू है विविध ढब-ढंग के बौद्धों के बीच, विविध ढब-ढंग के हिन्दुओं और ईसाइयों के बीच, एवं अन्यत्र भी।

जहाँ विभाजन है वहाँ द्वन्द्व का होना लाज़मी है, जो कि अन्तर्विरोध है। जब आप अव्यवस्था की प्रकृति को समझ लेते हैं, उस बोध में से, समझ

की उस गहराई में से, सहज ही, व्यवस्था का आगमन होता है। व्यवस्था उस फूल की तरह है जो स्वाभाविक ढंग से खिलता है, और वह व्यवस्था, वह फूल कभी मुरझाता नहीं। आपके जीवन में हमेशा एक व्यवस्था रहती है क्योंकि आपने सचमुच, गहराई से उस किताब को—स्वयं को—पढ़ा है, जो कहती है कि जहाँ भी विभाजन है वहाँ द्वन्द्व होना ही होना है। अब, क्या आपने उस किताब को इतनी स्पष्टता से पढ़ा है कि आप अव्यवस्था की प्रकृति को, इसके स्वभाव को समझ गये हैं? मैं इसमें थोड़ा और गहरे जाना चाहूँगा। वही अगला अध्याय है।

अगला अध्याय कहता है जब तक आप केन्द्र से परिधि की ओर काम कर रहे होते हैं, तब तक अन्तर्विरोध रहेगा ही। तात्पर्य यह कि जब तक आप स्व-केंद्रित होकर, स्वार्थपूर्वक, अहंकारपूर्वक, व्यक्तिगत दायरे के तहत कर्म कर रहे होते हैं, इस व्यापक जीवन की समग्रता को इस छोटे से 'मैं' में सीमित-संकीर्ण कर देते हैं, तो यह मान कर चलिए कि आप अव्यवस्था ही लाने वाले हैं, क्योंकि यह 'मैं' विचार द्वारा रची-गढ़ी एक बेहद मामूली शै है। विचार ही यह नाम, यह रूपाकार, यह मानसिक संरचना और यह छवि है जो इसने अपने बारे में बनायी है : "मैं कोई हस्ती हूँ।" इसलिए, जब तक यह स्व-केंद्रित गतिविधि जारी है, अन्तर्विरोध अवश्यम्भावी है; अतएव अव्यवस्था अवश्यम्भावी है।

और यह किताब कहती है, "यह मत पूछिए कि कैसे हम स्व-केन्द्रित न हों।" मेहरबानी करके इस पर गौर कीजिए। किताब कहती है कि जब आप जानना चाहते हैं, "कैसे?" तब आप कोई विधि, कोई तरीका पूछ रहे होते हैं; और अब अगर आप उसका अनुसरण करते हैं, तब वह भी एक अन्य प्रकार की स्व-केन्द्रित गतिविधि ही तो हुई। यह किताब ही आपको यह सब बता रही है, मैं नहीं बता रहा। वक्ता आपके लिए इस

किताब की टीका-व्याख्या नहीं कर रहा है, हम इसे साथ-साथ पढ़ रहे हैं। और जब तक आप किसी सम्प्रदाय से, किसी समूह से, किसी धर्म से जुड़े हुए हैं, आपने द्वन्द्व पैदा करना ही करना है।

यह बात हज़म कर पाना मुश्किल है, क्योंकि हम सभी किसी-न-किसी शै में विश्वास करते ही हैं। आप ईश्वर में विश्वास करते हैं, दूसरा नहीं करता; कोई बुद्ध में विश्वास करता है, तो कोई और ईसा में, और इस्लाम कहता है कि मसला कुछ और ही है। इस तरह विश्वास मनुष्य और मनुष्य के बीच सम्बन्धों में विभाजन ले आता है। हालाँकि आप ईश्वर में विश्वास करते हैं, लेकिन ज़िन्दगी आप ईश्वर वाली नहीं जीते। तो विश्वास की कोई कीमत नहीं हुआ करती। यह आपका विश्वास नहीं है कि सूरज उगता है और डूबता है; आप ऐसा तो कभी नहीं कहेंगे, ''सूरज के उगने और डूबने में मैं विश्वास करता हूँ।'' तब विश्वास की कोई दरकार ही नहीं होती जब आपका सरोकार केवल तथ्यों से होता है; तथ्य यानी वह, जो असल में आपकी किताब में घटित हो रहा है।

अब समस्या यह खड़ी होती है कि आप किताब को पढ़ते कैसे हैं, और क्या आप किताब से भिन्न हैं? जब आप कोई उपन्यास या कोई सनसनीखेज़ किताब उठाते हैं, रोमांचित करने वाली कहानी और वह सब, तो आप उसे एक बाहरी पाठक की तरह पढ़ते हैं, पन्ने पलटते जाते हैं; लेकिन यहाँ तो पाठक स्वयं ही किताब है। आप समझ रहे हैं न, कठिनाई क्या है? पाठक ही यह किताब है, वह इसे पढ़ रहा है, जैसे कि उसका ही एक हिस्सा इसे पढ़ रहा है। वह कोई किताब नहीं पढ़ रहा है। पता नहीं आप यह समझ पा रहे हैं या नहीं।

किताब यह भी कहती है कि इन्सान किसी-न-किसी की मुखियारी में रहता आया है—राजनीतिक, धार्मिक, किसी नेता की, गुरु की, उस शख़्स की 'अर्थॉरिटी' जो जानकार है या बुद्धिजीवी दार्शनिक है। मनुष्य हमेशा सत्ता-प्रामाण्य के किसी ढर्रे के अनुरूप रहता रहा है। बड़े गौर से सुनिए जो किताब आपसे कह रही है। कानून की अधिसत्ता, 'अर्थॉरिटी'

हुआ करती है; चाहे आप उस कानून का अनुमोदन करें अथवा न करें, कानून की अधिसत्ता तो रहती ही है। फिर पुलिस वाले की अधिसत्ता, निर्वाचित सरकार की अधिसत्ता, और किसी तानाशाह की अधिसत्ता होती है। हम उस 'अथॉरिटी' के बारे में बात नहीं कर रहे हैं। हम किताब में उस अधिसत्ता के बारे में पढ़ रहे हैं जिसे मन सुरक्षा पाने के लिए तलाशा करता है। मन हमेशा सुरक्षा की तलाश में रहा करता है, किताब कहती है।

और किताब यह कहती है कि जब आप मानसिक सुरक्षा की तलाश में रहते हैं, तब आप अधिसत्ता की स्थापना करने ही वाले हैं—पुरोहित का प्रामाण्य, किसी छवि की अधिसत्ता, उस शख़्स की 'अथॉरिटी' जो कहता है, "मैं संबोधि को उपलब्ध हो चुका हूँ, मैं आपको बताऊँगा।" अतः किताब कहती है उस प्रकार की सारी अधिसत्ता से, 'अथॉरिटी' से मुक्त हो जाइए, जिसका अर्थ है अपना प्रकाश स्वयं बनिए। जीवन की समझ के लिए, इस किताब की समझ के लिए, किसी पर निर्भर मत करिए। इस किताब को पढ़ना हो तो आपके और किताब के बीच कोई और नहीं है—न दार्शनिक, न पुरोहित, न गुरु, न ईश्वर, कुछ भी नहीं। आप ही यह किताब हैं और आप इसे पढ़ रहे हैं। इसलिए किसी की भी 'अथॉरिटी' से स्वतन्त्र रहना आवश्यक है, चाहे वह 'अथॉरिटी' पति की हो पत्नी पर, या पत्नी की पति पर। इसका तात्पर्य है, अकेले खड़े होने का सामर्थ्य, लेकिन ज़्यादातर लोग इस कदर डरे-डरे-से हैं।

किताब कहती है कि आपने अव्यवस्था व व्यवस्था पर, और अधिसत्ता पर, प्रथम अध्याय पढ़ लिया है, उसकी चर्चा कर ली है। अगला अध्याय कहता है, जीवन सम्बन्ध है। जीवन है सम्बन्ध की क्रियाशीलता। यह किसी व्यक्ति विशेष से आपका अन्तरंग सम्बन्ध मात्र नहीं है; आप पूरी-की-पूरी मानव जाति के साथ सम्बन्धित हैं, इसलिए कि आप बाकी मनुष्य प्राणियों की तरह ही तो हैं, चाहे वे कहीं भी रहते हों, क्योंकि वे दुःख से गुज़रते हैं, ऐसे ही आप दुःख से गुज़रते हैं, ऐसी ही तमाम बातें साझा हैं। मानसिक तल पर, आप यह संसार हैं, और यह संसार है : आप। इसलिए आपकी ज़िम्मेदारी बहुत बड़ी है।

और तब अगला अध्याय कहता है, चिरकाल से मनुष्य भय के साथ जीता आया है। भय, न केवल प्रकृति का, परिस्थिति-परिवेश का, बीमारी, दुर्घटनाओं आदि का; बल्कि भय की कहीं गहरी और परतें भी हैं, भय की गहराती, अचेतन और अपरिचित राहें। तो हम यह किताब साथ-साथ पढ़ने जा रहे हैं, अध्याय पूरा होने पर्यंत। और यह कह रही है, ''इसे देखिए, और आप इसका अन्त करने में सक्षम होंगे।'' हम इस किताब को इतने ध्यान से, इतने धीरज के साथ पढ़ने जा रहे हैं कि जब आप यह अध्याय पढ़ चुके होंगे, आप अपने मन को सारे के सारे भय से मुक्त पाएँगे।

किताब फिर कहती है—अगले पन्ने पर—भय क्या है? उदय कैसे होता है उसका? उसकी प्रकृति क्या है? मनुष्य ने अब तक इस समस्या का समाधान क्यों नहीं किया है? वह इसके साथ जिए क्यों जा रहा है? क्या वह इसका अभ्यस्त हो चुका है? क्या उसने इसे ज़िन्दगी के एक ढर्रे के तौर पर मंज़ूर कर लिया है? क्यों नहीं आपने इस समस्या का समाधान कर लिया, ताकि आपका मन भय से पूरी तरह मुक्त हो जाए? क्योंकि जब तक भय है, आप अंधकार में जीते हैं। उस अंधकार के फलस्वरूप आप चाहे जिसकी पूजा-अर्चना कर सकते हैं। और वह पूजा-अर्चना उस अंधकार के चलते ही घटित हो रही है, इसलिए आपके द्वारा की जा रही पूजा-अर्चना पूरी तरह से बेमानी है। अतः यह बहुत महत्त्वपूर्ण है कि भय की प्रकृति के बारे में और-आगे पढ़ा जाए।

अब अगर आप करीब से निरीक्षण-परीक्षण करते हैं, अगर आप इस किताब को—जो कि आप हैं—पढ़ते हैं, इसके हर शब्द को, तो यह आपसे पूछती है : भय उगता कैसे है? क्या वह बीती बातों की याद है, किसी दर्द की याद है, आप द्वारा किये गये किसी ऐसे कार्य की याद, जो आपको नहीं करना चाहिए था; कोई झूठ जो आपने बोला है और आप नहीं चाहते कि वह पकड़ा जाए और आपको डर है कि कहीं वह पकड़ा गया तो? कोई ऐसा कृत्य जो आपके मन में विकृति ले आया है और आप उस विकृति से, उस कृत्य से भयभीत हैं? हो सकता है

आप भविष्य को लेकर डरे हुए हों, या फिर आप नौकरी छूट जाने, या किसी देश के छोटे-से खास बाड़े में महत्त्वपूर्ण नागरिक न बन पाने की आशंका से ग्रस्त हैं; तो तमाम तरह के डर हैं। लोग अँधेरे से डरते हैं, लोग अपने बारे में समाज की राय से डरते हैं, लोग मृत्यु से डरते हैं, और लोग परितृप्त न हो पाने से डरते हैं, चाहे जो उसके मायने हों। किसी को हो सकता है अत्यधिक पीड़ा से गुज़रना पड़ा हो, शारीरिक पीड़ा से; और वह पीड़ा मन में दर्ज हो गयी हो, और उसको यह डर सताता रहे कि कहीं इस पीड़ा का फिर से सामना न करना पड़े। आपको यह सब मालूम ही है।

अब किताब कहती है, आगे और पढ़ें। भय क्या है? क्या इसे विचार ने पैदा किया है? क्या यह समय की उपज है? अभी तो मैं स्वस्थ हूँ, पर जैसे-जैसे बुढ़ापा आएगा, बीमारियाँ घेरेंगी और मुझे डर लगने लगता है—यही समय है, काल है। या फिर ऐसा है कि विचार कहता है मेरे साथ कुछ भी हो सकता है—मेरी नौकरी जा सकती है, मैं अंधा हो सकता हूँ, या हो सकता है मैं अपनी पत्नी को गँवा बैठूँ। तो क्या भय की जड़ यही है? यह किताब पूछ रही है आपसे। इसलिए पन्ना पलटिए और आपको उत्तर मिल जाएगा—अपने ही भीतर; यह वक्ता आपको नहीं बता रहा। किताब यह कह रही है विचार और समय भय के घटक हैं। यह कह रही है, विचार ही समय है। ठीक?

तब प्रश्न यह उठता है—अगले पन्ने पर किताब कहती है—क्या मानव-मन के लिए, आपके लिए—जो यह किताब पढ़ रहे हैं और यह किताब आप खुद ही हैं—क्या भय से पूरी तरह से मुक्त होना सम्भव है ताकि आपके भीतर भय का एक कतरा तक न रहे। उम्मीद है आप इसे मेरे साथ पढ़ रहे हैं; मैं इसे अकेले नहीं पढ़ रहा। किताब अब कहती है : एक बात और, यह मत पूछिए कि इसकी विधि क्या है? विधि का मतलब है दोहराव, कोई पद्धति-प्रणाली। आपके द्वारा ईजाद की गई

कोई पद्धति भय का समाधान नहीं करने जा रही, क्योंकि तब आप उस पद्धति का अनुसरण कर रहे हैं, भय की प्रकृति को नहीं समझ रहे। इसलिए कोई पद्धति मत खोजते रहिए, बल्कि बस समझिए—भय की प्रकृति को, इसकी फितरत को।

किताब पूछती है—समझने से आपका तात्पर्य क्या है? आप ऐसा कब कहते हैं, ''मैं यह बात समझ गया?'' इससे आपका मतलब क्या होता है? या तो आप उस शाब्दिक संरचना को, किसी शब्द के अर्थ को समझते हैं, जो कि एक खास तरह की बौद्धिक गतिविधि है, या फिर आप उसकी सच्चाई को देख पाते हैं। जब आप इसकी सच्चाई को देख लेते हैं, तब इसका वजूद नहीं रह जाता। आपको यह साफ़ दिखलाई पड़ता है कि विचार और समय भय के घटक हैं, महज़ शाब्दिक वक्तव्य के तौर पर नहीं, बल्कि यह आपके वजूद का हिस्सा होता है। जब यह आपके रक्त में, आपके दिमाग में, आपके दिल में पैठ जाता है कि समय ही वह घटक, वह निमित्त है, तब आप देखेंगे कि भय के लिए कोई जगह ही नहीं रही।

मुझे नहीं मालूम कि आप यह समझ पाये हैं या नहीं। भय समय और विचार की ही देन है। आगे क्या हो सकता है, इससे भयभीत हैं आप। आप अकेलेपन से भयभीत हैं; आप कभी अकेलेपन की पड़ताल नहीं करते, कि इसके मायने क्या हैं, बल्कि आप इससे डरे हुए हैं, जिसका तात्पर्य है कि आप इससे दूर भाग रहे हैं। लेकिन अकेलापन तो आपकी अपनी छाया है : यह आपके पीछे-पीछे आ रही है। आप अपनी छाया से भाग नहीं सकते। तो आपमें अवलोकन के धैर्य का होना बेहद ज़रूरी है, जिसका अर्थ है, आपको दूर नहीं भागना है, बल्कि अवलोकन करना है, देखना है, सुनना है उसे जो वह किताब कह रही है। वह कहती है, समय 'फैक्टर' है, कारक है। तो आपको समय को समझना होगा।

किताब का कहना है कि यदि आप समय को समझ पाएँ, तो सम्भवतः भय का अन्त हो सकेगा। अतः आपको यह पूछना होगा, ''समय और विचार के बीच क्या सम्बन्ध है?'' किताब आपसे कह रही है, ''पता लगाइए, समय और विचार के बीच क्या रिश्ता है?''

विचार एक गति है, ज्ञात से ज्ञात की ओर। यह एक गति है, एक हलचल—अतीत की याद का वर्तमान से मिलना होता है, वह अपने आप में कुछ फेरबदल करती है, और जारी रहती है। बीते कल से आज, और आज से आने वाले कल की ओर यह चाल ही समय की गति है। यह मानसिक समय है; यानी, मैंने जाना है कि दर्द क्या होता है, उम्मीद है यह फिर दोबारा मुझे नहीं झेलना पड़ेगा, क्या पता वह पुनः लौट आए—जो अतीत की गति है, वर्तमान से गुज़रती हुई, अपने में फेरबदल करती, भविष्य की ओर बढ़ती हुई। एक समय होता है घड़ी के हिसाब से, और एक समय आन्तरिक होता है : ''मुझे उम्मीद है मैं वैसा बन पाऊँगा।'' आप हिंसक हैं, पर आपको अहिंसक होने की आस है। आप लालची हैं, ईर्ष्यालु हैं, लेकिन आपको आशा है कि समय के साथ, क्रमविकास के सहारे, क्रमशः आप इससे छुटकारा पा लेंगे। तो समय अतीत से वर्तमान और भविष्य की ओर एक गति है। विचार भी अतीत से ही आ रहा है—जानकारी, स्मृति, भविष्य की ओर अग्रसर गतिविधि। तो समय विचार ही है, ठीक?

अगले प्रश्न का उत्तर देना और ज़्यादा मुश्किल है। इसलिए आपमें धैर्य का होना तो ज़रूरी है। मैं 'धैर्य' शब्द का प्रयोग एक खास अर्थ में कर रहा हूँ : धैर्य का अर्थ है समय की अनुपस्थिति। सामान्यतया धैर्य का अर्थ होता है—जल्दबाज़ी न करें, समय लें, तुरन्त प्रतिक्रिया न करें, शान्त रहें, थोड़ा सहजता से लें, दूसरे शख्स को भी अपनी बात कहने का मौका दें, इत्यादि। तो 'धैर्य' शब्द का प्रयोग हम उस अर्थ में नहीं कर रहे हैं। हम कह रहे हैं, धैर्य का मतलब है समय को भुला ही देना, ताकि आप अवलोकन कर सकें, देख सकें। लेकिन यदि आप समय को ढोते हुए अवलोकन कर रहे होते हैं, तब आप अधीर हो जाया करते

हैं। बात पकड़ में आ रही है आपके? बात कुछ ऐसी है जो असाधारण है। तो इस किताब को, इस अध्याय को पढ़ने के लिए आपको धैर्य की दरकार है; इसका कहना है कि समय भय का कारक है। विचार समय है, और जब तक विचार चल रहा है, तब तक आप भयभीत रहने ही वाले हैं।

और अगला अध्याय प्रश्न उठाता है, ''क्या समय का रुक जाना सम्भव है? क्या समय का कोई अन्त है?'' समय हमारे जीवन का एक बहुत बड़ा घटक है : ''मैं अभी यह नहीं हूँ, लेकिन मैं ऐसा बन जाऊँगा'', ''मैं नहीं जानता, लेकिन मैं जान लूँगा; मैं यह भाषा विशेष नहीं जानता, लेकिन मैं इसे सीख लूँगा, मुझे थोड़ा वक्त दीजिए'', ''समय हमारे ज़ख्म भर देगा''। लेकिन समय तो संवेदनशीलता को कुंद कर देता है। समय स्त्री तथा पुरुष के बीच सम्बन्ध को नष्ट कर देता है। समय समझ को नष्ट कर देता है, क्योंकि समझ तो तत्क्षण घटित होती है, यह नहीं कि ''मैं समझने हेतु सीख लूँगा।'' तो मैं कह रहा हूँ—यह किताब कह रही है—कि समय हमारे जीवन में असाधारण रूप से महत्त्वपूर्ण भूमिका निभाता है। हमारे मस्तिष्क समय के माध्यम से विकसित हुए हैं। यह आपका मस्तिष्क या मेरा मस्तिष्क नहीं है, बल्कि यह मानव-मस्तिष्क है, जो कि आप हैं। आपने इस मस्तिष्क से अपना तादात्म्य कर लिया है, इसको अपना मस्तिष्क, अपना मन मान बैठे हैं; लेकिन यह आपका मन या आपका मस्तिष्क नहीं है, बल्कि मानव-मस्तिष्क है, जो करोड़ों वर्षों के क्रमविकास का परिणाम है। इसलिए यह मस्तिष्क, जो समय द्वारा संस्कारित, 'कन्डीशंड' है, केवल समय के अन्तर्गत ही कार्य कर सकता है।

तो हम इस मस्तिष्क से कुछ ऐसा करने के लिए कह रहे हैं जो पूर्णतः भिन्न है। किताब कहती है कि आपका मस्तिष्क, आपका मन, समय के अन्तर्गत कार्य करता है; समय आपके जीवन में एक महत्त्वपूर्ण भूमिका निभाता आया है। जब कि समय किसी समस्या का समाधान नहीं है, सिवाय तकनीकी समस्याओं के। तो समस्या के समाधान के

लिए समय का इस्तेमाल मत कीजिए, वह समस्या चाहे आपकी पत्नी और आपके बीच हो, या आपके और आपके नौकरी-धंधे के बीच, या और कुछ। इसे समझ पाना बहुत कठिन है। इस किताब को सही ढंग से पढ़ने के लिए, इसे अपना पूरा मन, पूरी तवज्जो दीजिए। तो यह किताब पूछ रही है, क्या समय का अन्त हो सकता है? यदि आप इसका अन्त नहीं करते, तो भय अपने समस्त परिणामों के साथ जारी रहेगा; और इसका यह भी कहना है कि यह मत पूछिए समय का अन्त कैसे करें। जैसे ही आप किसी से पूछते हैं कि इसका अन्त कैसे करें, तो इसका मतलब होता है कि आपने यह किताब पढ़ी ही नहीं, और तब कोई आपको बस एक सिद्धान्त थमा देगा।

यही वास्तविक ध्यान है—समझ रहे हैं आप? वस्तुतः ध्यान यही है : इस बात की तहकीकात करना कि क्या कभी समय रुक सकता है। वक्ता का कहना है कि यह रुक सकता है; रुकता है। ज़रा सँभल कर सुनें—यह बात वक्ता कह रहा है, आपकी किताब नहीं। तो अगर आप कहते हैं, ''वक्ता का कहना है कि समय का अन्त होता है, मुझे उम्मीद है ऐसा होता है'', और अगर आप इसमें विश्वास कर लेते हैं, तब किताब का पढ़ना नहीं हो रहा है; आप बस शब्दों में जी रहे हैं। और शब्दों में जीने से भय का विसर्जन नहीं होता है। तो आपको समय की इस किताब को पढ़ना होगा, इसमें पैठना होगा, समय की प्रकृति को खोजना-समझना होगा—कैसे आप समय के तई प्रतिक्रिया करते हैं, कैसे आपके सम्बन्ध समय पर आधारित हैं। ''मैं आपको जानता हूँ''—यह समय ही है। इस पर गौर कीजिए। इसके ये मायने भी हैं कि जानकारी समय है। अगर आप जानकारी का इस्तेमाल उपलब्धि के, आगे बढ़ने के साधन के तौर पर कर रहे हैं, तब आप समय में जकड़े हुए हैं, और इसलिए भय, चिन्ता, यह तमाम प्रक्रिया जारी रहती है।

अतः समय के अन्त की प्रकृति का अन्वेषण करने के लिए एक मौन, खामोश मन की दरकार होती है, ऐसा मन जो अवलोकन करने

को स्वतन्त्र है—डरा हुआ नहीं है—आपके अपने भीतर समय की जो गतिविधि है, वह उसका अवलोकन करने को स्वतन्त्र है, यह देख लेने को स्वतन्त्र है कि कैसे आप इस गतिविधि पर निर्भर हैं। ऐसा है, अगर कोई आपसे यह कह दे कि 'आशा' जैसा कुछ होता ही नहीं, तो आप भयभीत हो उठेंगे, है न? आशा समय ही है। तो आपको समय की प्रकृति की जाँच-परख करनी है, इस सच्चाई को समझना-महसूस करना है कि आपका मस्तिष्क व आपका मन और आपका हृदय—जो एक ही हैं—समय के अन्तर्गत कार्य कर रहे हैं, समय से संस्कारित हैं। इसलिए आप कुछ ऐसा करने को कह रहे हैं जो एकदम अलग है। आप इस मस्तिष्क से, इस मन से अलग ही तरह से कार्य करने को कह रहे हैं; और उसके लिए, आपके पढ़ने में सघन अवधान की, खूब ध्यान देने की दरकार है।

9 नवंबर, 1980

मृत्यु क्या है?

मृत्यु क्या है?

जैसा कि हम पिछले सप्ताह कह रहे थे, हमें सुनने की कला, देखने की कला और सीखने की कला को सीखना होगा। सुनने का मतलब यह नहीं कि आप जो कुछ सुन रहे हैं अपनी पुरानी आदत के मुताबिक उसकी अपने हिसाब से व्याख्या कर डालें, और इसका मतलब खाली यह जान पाने की कोशिश करना ही नहीं कि वक्ता क्या कह रहा है; बल्कि आपको अपने विचारों को अवधानपूर्वक सुनना होगा, आपको अपनी भावनाओं को, अपनी प्रतिक्रियाओं को सुनना होगा, उन्हें बदलने की, उन्हें दबाने की कोशिश किए बिना, उन्हें बस केवल गौर से देखना होगा। बेशक, सुनने की अत्यंत महत्त्वपूर्ण भूमिका है, अगर आप संजीदा हैं और बहुत ध्यानपूर्वक, धीरज और शान्ति से सुनने के लिए तैयार हैं।

देखना भी एक कला है, सिर्फ अपनी आँखों से ही नहीं, दृष्टि की प्रतिक्रियाओं की ही बात नहीं, बल्कि शब्दों के परे भी देखना, मानो पंक्तियों के बीच अनलिखे को पढ़ पाना, यह देख पाना कि शब्दों के पीछे क्या छिपा है। क्योंकि शब्द यथार्थ नहीं हैं। किसी पहाड़ का वर्णन तो पहाड़ नहीं हो जाता, 'नदी' शब्द वह शै नहीं है जो सजीव है, बह रही है, अपनी समस्त जीवन्तता और विशाल जलराशि को अपने में समेटे हुए। तो अवलोकन करने का मतलब है बहुत शिद्दत से, खूब ध्यान के साथ, सावधानीपूर्वक देखना।

सीखने की कला एक काफी जटिल मसला है। हम जानकारी का संचय करने, अपने अनुभवों के ज़रिये दिमाग में याददाश्त को जमा करने के आदी हैं, और हमारा सीखना, काम करना हमेशा ज्ञात के उसी दायरे में होता है। वह ज्ञात, अतीत ही है, जिसमें भले ही वर्तमान द्वारा कुछ फेरबदल किया जाता रहता है, पर वही ज्ञात भविष्य में भी जारी रहता है। उसी दायरे में रहते हुए, उसी क्षेत्र के अन्दर हम कर्म के ज़रिये, अनुभव के ज़रिये, उस अनुभव को स्मृति के रूप में संग्रहीत करते हुए सीखते हैं, कार्य करते हैं, दक्षता के साथ, या फिर लापरवाही से। हमारा मन हमेशा यही तो किया करता है। जो ज्ञात है, परिचित है, उसके आधार पर हम कार्य करते हैं, सीखते हैं, और फिर उस करने और सीखने को हम अपनी याददाश्त में जमा करते जाते हैं। यही वह चक्र है जिसमें हम सदैव रत रहते हैं। अगर आप गौर करें, तो यह एक ज़ाहिर सच्चाई है। लेकिन एक सर्वथा भिन्न प्रकार का सीखना भी होता है, ऐसा सीखना जो संचयन नहीं है। उस पर हम आगे चर्चा करेंगे।

जैसा हम कह रहे थे, हमें यह किताब पढ़नी होगी जो कि हम स्वयं हैं। हम यानी हममें से हरएक व्यक्ति जो कि मानवता का सारा कारोबार अपने आप में सँजोये हुए है—यह विषाद, यह पीड़ा, यह सुख-लालसा, ये इच्छाएँ, ये चिन्ताएँ, ये डर, ये राष्ट्रीयताएँ, ये संस्कृतियाँ। ये सब इस किताब में हैं, यह किताब जो कि हम हैं। यह किताब हमसे भिन्न नहीं। हम ही यह किताब हैं। मेरे विचार में यह समझ लेना बेहद ज़रूरी है : आप जो पढ़ रहे हैं, वह आप ही हैं, आप उससे भिन्न नहीं हैं जो आप पढ़ रहे हैं। और अगर आप जो पढ़ते हैं, उसकी अपनी इच्छा के अनुरूप, अपने डर या सुख-मज़े के मुताबिक व्याख्या कर लेते हैं, तब तो आप किताब को पढ़ ही नहीं रहे। वह डर, वह चिन्ता, वह दुःख-तकलीफ़ आप ही का तो अंश है।

तो अगर आप उस किताब को वस्तुतः पढ़ना चाहते हैं, तो आपको यह देखना होगा कि वह अवलोकनकर्ता, वह पाठक स्वयं वही तो है जिसे वह पढ़ रहा है। मुझे मालूम नहीं, यह बात हम समझ पाये या नहीं। देखने

वाला वही है जो देखा जा रहा है। विचार करने वाला ही विचार है; विचार से भिन्न कोई विचारक नहीं। यह एक तथ्य है। कोई अगर यह सोचता है कि उसे कुछ अनुभव करना है, तो जिसका वह अनुभव करता है वह अनुभवकर्ता ही तो है। हममें से अधिकतर यह सोचते हैं कि विचारक विचार से भिन्न है, अतः वह विचारक सदैव विचार को नियन्त्रित करने की, आकार देने की, उसे दबाने की और इस किस्म की तमाम कोशिशें करता रहता है। लेकिन जब हम यह वास्तव में देख लेते हैं कि विचार करने वाला ही विचार है, तब विचारक और विचार के बीच का विभाजन समाप्त हो जाता है, और इसलिए द्वन्द्व का भी अन्त हो जाता है।

उम्मीद है कि हम साथ-साथ इस विषय की गवेषणा कर रहे हैं—कि विचारक और विचार अलग-अलग नहीं हैं। विचार विचारक को निर्मित करता है, और विचार उस विचारक को स्वयं से अलग मान लेता है। विचारक तब मालिक बन बैठता है जो विचार को नियन्त्रित करने लगता है। और विचार का यह नियन्त्रण, यह दमन, उसे अनुशासित करने का जतन उस विचारक द्वारा किया जा रहा है जिसे विचार ने ही रचा है; तो ज़ाहिर है कि विचार ही विचारक है। अतएव विचारक और विचार के बीच कोई विभाजन नहीं है। जहाँ कहीं विभाजन होगा, वहाँ द्वन्द्व होगा ही—यह विधान है—जैसे मुसलमानों और हिन्दुओं के बीच, विभिन्न बौद्ध मतों के अनुयायियों के बीच, कैथोलिक और प्रोटेस्टेन्ट के बीच और इसी तरह कई औरों के बीच भी विभाजन नज़र आता है। जहाँ राष्ट्रीय तौर पर, धार्मिक तौर पर, विभाजन है, वहाँ द्वन्द्व रहेगा ही। हमारे मन द्वन्द्व के अभ्यस्त हो गए हैं। जन्म से मृत्यु तक हमारे जीवन में एक अनवरत संघर्ष जारी रहता है, अन्तहीन कलह, निरन्तर लड़ाई, स्वयं के भीतर भी और बाहर भी। और यदि किसी को इस तथ्य का बोध हो पाए, केवल शाब्दिक अथवा बौद्धिक स्तर पर नहीं, अपितु वस्तुतः, कि विचारक ही विचार है और इन दोनों के बीच कोई विभाजन नहीं है, तभी व्यक्ति द्वन्द्व की प्रकृति और द्वन्द्व के अन्त को समझना आरम्भ करता है।

इस संध्या हम इच्छा, सुख, दुःख-भोग और मृत्यु के सम्पूर्ण अर्थ एवं महत्त्व के विषय में पड़ताल करेंगे। मनुष्यता से, मनुष्य के दुःख-दर्द से, मनुष्य के द्वन्द्व से, उसकी हिंसा से, और उस दुर्दशा से जिससे मनुष्य अपने जीवनकाल में गुज़रता है, इस सब से जो व्यक्ति गहरा सरोकार रखता है उसे इच्छा की प्रकृति और संरचना की तहकीकात अवश्य आरम्भ करनी चाहिए, जैसा कि हम इस वक्त कर रहे हैं। इच्छा की हमारे जीवन में व्यापक भूमिका है। जैसे-जैसे हम शारीरिक रूप से थोड़े अधिक परिपक्व होते जाते हैं, इच्छा के विषय बदलते जाते हैं, लेकिन इच्छा वैसी ही बनी रहती है। अब आपकी वह इच्छा चाहे कार के लिए हो, या स्त्री के लिए हो, या ईश्वर के लिए हो, या फिर संबोधि के लिए हो, इच्छा तो वही की वही है। उदात्त इच्छा और अधम इच्छा जैसा कुछ नहीं होता, बस इच्छा होती है। तो हम बड़ी सावधानी के साथ इच्छा की जाँच-परख करने जा रहे हैं। क्योंकि, हमारे लिए, इच्छा–संकल्प भी इसमें शामिल है–जीवन का स्थायी भाव है। संकल्प, 'विल', इच्छा का जोड़-जमा है, और हम संकल्प से परिचालित होते हैं। ''यह मुझे करना ही है'' और ''यह मुझे करना ही नहीं।'' संकल्प की यह अनवरत गतिविधि इच्छा का सार तत्त्व है। हम साथ मिल कर यह तहकीकात करने जा रहे हैं, सीखने जा रहे हैं–हमें सीखना है, महज़ दोहराना नहीं है; जैसे-जैसे हम जाँच करें और आगे बढ़ें, हमें सीखते जाना है।

हम इच्छा पर गौर करने जा रहे हैं। इच्छा की इस जाँच-पड़ताल में ही आप इसकी प्रकृति को देखना शुरू करते हैं, इसके बारे में आपको एक अन्तर्दृष्टि मिलती है। जब आपको यह अन्तर्दृष्टि मिलती है, इसका बोध होता है, तो इच्छा की संरचना के विवरण में जाने की फिर कोई आवश्यकता अथवा अनिवार्यता नहीं रह जाती, क्योंकि वह तो महज़ शब्दों का खेल होगा। जब आप एक घड़ी को जाँचते हैं, उसे खोल कर देखते हैं कि यह कैसे काम करती है, तब आप घड़ी की चाल को समझने की कोशिश कर रहे होते हैं, सीखते हैं कि घड़ी कैसे काम करती है;

यह महज़ याददाश्त का मसला नहीं है : जैसे-जैसे यह काम करती है, आप इसकी कार्य-प्रणाली को सीखने-समझने लगते हैं। तो हम इच्छा पर गौर कर रहे हैं। आप जानते ही हैं इच्छा क्या होती है, ज़्यादातर लोगों को यह मालूम है। आखिर इच्छा है क्या, जिसकी हमारे जीवन में इतनी महत्त्वपूर्ण भूमिका होती है? अधिकतर धार्मिक समूह, विभिन्न धार्मिक समुदायों के पुरोहित सदा से कहते रहे हैं, ''इच्छा का दमन करो, अथवा उसे रूपान्तरित कर दो; यदि तुम ईश्वर की सेवा करना चाहते हो, तो तुम्हारे भीतर इस दुनिया की, किसी स्त्री की, किसी पुरुष की इच्छा के लिए कोई जगह नहीं होनी चाहिए,'' वगैरह। यह हमेशा से दमन करने की प्रक्रिया रही है, इच्छा को अनुशासित करने की।

अब, हम इच्छा को दबा नहीं रहे, न ही इससे बच रहे हैं, न इसे रूपान्तरित कर रहे हैं। हम तो इच्छा की प्रकृति की जाँच-परख कर रहे हैं, इसलिए इससे बचने का, इससे पलायन करने के मकसद से इसे देखने की कोशिश का सवाल ही नहीं पैदा होता। यदि आप इच्छा की प्रकृति को समझ पाए, तो इसे दबाने का या इससे बचने का या फिर इसे तर्कसंगत बनाने का कुछ मतलब ही नहीं रहेगा। तो हमारा प्रश्न है : इच्छा क्या है? ज़ाहिर है कि यह शब्द 'इच्छा' वह एहसास, वह प्रतिक्रिया तो नहीं है। 'इच्छा' शब्द का इस्तेमाल करते समय यह बात बिल्कुल स्पष्ट हो जानी चाहिए कि यह शब्द वह प्रतिक्रिया नहीं है, कुछ कमी होने का वह एहसास नहीं है।

देखिए, हमारे जीवन में कितना कम सौन्दर्य है। इस देश में खूबसूरत पेड़ हैं, सुहावने बादल हैं, अद्भुत 'ऑर्किड' तथा अन्य पुष्प हैं। उनमें जो सौन्दर्य है, उसे हम कभी देखते ही नहीं। हम तो अपनी ही परेशानियों और समस्याओं, इच्छाओं और चिन्ताओं में ज़रूरत से ज़्यादा व्यस्त रहा करते हैं। हम कभी किसी सूर्यास्त को नहीं निहारते, उस प्रकाश के सौन्दर्य से आनन्दित नहीं होते। हम केवल बाह्य जगत के सौन्दर्य की कदर करना ही नहीं बिसारते जा रहे हैं, बल्कि आन्तरिक सौन्दर्य की उपस्थिति

तो सम्भवतः हममें से किसी के भी जीवन में नहीं, या हममें से बहुत ही थोड़े लोगों के जीवन में है—वह सौन्दर्य जो वस्तुओं पर, तस्वीरों पर, मूर्तिशिल्प पर, कहीं किसी सूर्यास्त अथवा किसी वृक्ष पर निर्भर नहीं करता। उस सौन्दर्य का आगमन तभी होता है जब अगाध प्रेम, करुणा मौजूद हो, किसी विषय के लिए नहीं, बल्कि अपने आप में इसका वजूद हो। सौन्दर्य का यह प्रगाढ़ एहसास न हो, तो उससे मिलना कभी नहीं हो पाता जिसे सत्य कहते हैं।

तो इच्छा क्या है? क्या प्रत्यक्ष होना, देखना इच्छा की शुरुआत नहीं है?—चाक्षुष बोध, अपनी आँखों से देखना, उन फूलों, उन वृक्षों, उन कारों, उन स्त्रियों को देखना, इस संसार को देखना। यही इच्छा की शुरुआत है—देखना, चखना, सूँघना। किसी वृक्ष, मकान, कार को, किसी स्त्री को, पुरुष को, किसी खूबसूरत बगीचे को देखना, उसका संस्पर्श, उससे सम्पर्क, और तब संवेदन का, सनसनी का एहसास। तब विचार आपकी एक तस्वीर बनाता है उस बगीचे के, उस कार के, उस शख़्स के, इस या उस चीज़ के स्वामी के रूप में। तात्पर्य यह कि पहले तो हुआ देखना, फिर सम्पर्क में आना, स्पर्श, और तब इन्द्रिय-संवेदन, और तब विचार आपकी एक तस्वीर बना लेता है कि आप उस कार में बैठे हैं और उसे चला रहे हैं। देखना, सम्पर्क, संवेदन, और विचार का वह तस्वीर बनाना—तभी इच्छा जन्म लेती है। जब विचार वह तस्वीर, वह छवि बनाता है, वही इच्छा का आरम्भ है। आप यह समझ गए?

इस पर गौर करिए, खुद छान-बीन करिए इसकी, और आपको बात साफ हो जाएगी। यह एक एकदम सीधा-सरल तथ्य है। देखना, सम्पर्क, और तब संवेदन यानि सनसनी, यह स्वाभाविक है, सामान्य है। और तब विचार आपकी एक तस्वीर बनाता है कि आपने वह नीली कमीज या कोई खास चोगा पहन रखा है, और तस्वीर बनाने के उसी क्षण में इच्छा का जन्म होता है। आप इसे अपने आप देख सकते हैं : आप शीशे के पीछे सजी एक बढ़िया पतलून, या कोई अन्य पोशाक, या और

कुछ देखते हैं—वह देखना, उस दुकान के भीतर जाना, उस चीज़ को छूना, तब विचार का यह कहना कि ''मुझ पर यह कितनी जँचेगी!'' आप वह तस्वीर, वह छवि रचते हैं और उसी क्षण इच्छा का प्रस्फुटन हो जाता है। तो अगर आपने खूब ध्यान से यह बात समझ ली है कि जब विचार उस छवि को रचता है, वही इच्छा का आरम्भ है, तब प्रश्न यह है कि क्या उस छवि का अन्त हो सकता है?

हो सकता है इच्छा को इस तरह समझने-समझाने का आपको अभ्यास न हो। अगर आप इसके अभ्यस्त न हों, तो मेहरबानी करके सुनिए, अपने उन तमाम संस्कारों-मान्यताओं को एक तरफ हटा दीजिए जिनका कहना है कि आपको इच्छा बिल्कुल नहीं करनी चाहिए या आपके लिए इच्छा ज़रूरी है, वगैरह, वगैरह। फिलहाल उस सब को एक तरफ रख कर, इस मसले को बहुत ध्यान से देखिए।

अब, क्या ऐसा हो सकता है कि हम देखने, सम्पर्क होने, संवेदन घटित होने की इस सच्चाई को समझें-सीखें, सिर्फ इसी के साथ ठहर पाएँ, और विचार को वह तस्वीर न रचने दें। यह एक अनुशासन है। और यह अनुशासन है सीखना। अनुशासन के लिए जो अंग्रेज़ी शब्द है 'डिसिप्लिन', वह लैटिन भाषा के 'डिसाइपल' शब्द से आया है; 'डिसाइपल' यानी शिष्य, वह, जो सीख रहा है। हमने उस शब्द को 'अनुकृति बनाने, नकल करने, अनुरूप होने, आज्ञा मानने, अनुसरण करने' के मायने दे डाले हैं। ये सभी सीखने का खंडन करते हैं। तो हम इस तथ्य को सीख रहे हैं कि इच्छा तब आरम्भ होती है जब विचार संवेदन से, सनसनी से छेड़छाड़ करता है। फर्ज़ कीजिए, कल आपको खूब सुख मिला था। वह सुख, सुख-प्राप्ति की वह घटना दिमाग में दर्ज हो गयी है, और इच्छा कहती है, ''मुझे वही सुख और चाहिए।'' जैसा कि हमने कहा, अनुशासन का अर्थ है सीखना। और हम साथ-साथ इच्छा की प्रकृति के विषय में सीख रहे हैं।

क्या आप इसे समझ पाये हैं, पूछना चाहूँगा मैं आपसे, कि क्या आपने इच्छा की प्रकृति को देख लिया है कि इसका उदय कैसे होता है? अगर आपने इसे एक बार भी, सच में, देख लिया है, तो इसके दमन का, इसे नियन्त्रित या परिवर्तित करने की कोशिशों का कोई मतलब ही नहीं रहेगा। आपने समझ लिया है इच्छा कैसे उपजती है, और अगर आप उस पल में जागरूक रहते हैं, उस पल में—जब विचार वह तस्वीर, वह छवि बना रहा हो—अपना पूरा अवधान, पूरा ध्यान देते हैं, तब इच्छा को न तो दबाने का, न उससे बचने का, और न ही उसे तर्कसंगत ठहराने का सवाल बचता है।

और इच्छा सुख है। हम सब सुख के, मज़े के गुलाम हैं—स्वामित्व का मज़ा, शक्ति का मज़ा, बड़े-बड़े राजनेताओं की शक्ति नहीं, बल्कि वह शक्ति जिसके चलते आप हावी होते हैं अपनी पत्नी पर, अपने बच्चों पर, या अपने नीचे काम करने वालों पर। अधिकांश लोगों को शक्ति की कामना रहती है, वह मज़े का ही एक रूप है। आदमी हरदम मज़े की तलाश में रहता है। यदि आप एक चीज़ से सन्तुष्ट नहीं हैं, आप दूसरी के पीछे जाते हैं। यदि आप अपनी पत्नी या पति से सन्तुष्ट नहीं हैं, तो आप उन्हें बदल लेते हैं। और मज़े की, सुख की यह दौड़ आह्लाद से पूर्णतः भिन्न है।

सुख-लालसा मानव-जीवन की अभिप्रेरक प्रवृत्तियों में से एक रही है। कृपया इसे समझें, क्योंकि अब हम ज़रा जटिल मसले की तरफ आ रहे हैं। सुख को, मज़े को हमें समझना ही होगा—कामवासना का सुख, स्वामित्व का सुख, धन का सुख, उस तपस्वी का सुख जब वह अपने शरीर को साध लेता है, उसे पूरी तरह नियन्त्रित रखने में सक्षम होता है, और आस्था-विश्वास का सुख। और मनुष्य को सबसे बड़ा सुख वही लगता है जिसमें उसका विश्वास रहा है। वह ईश्वर में विश्वास करता है और यह उसके लिए ऐसा विराट सुख है कि इसमें कोई विघ्न-बाधा वह पसन्द नहीं करता। तो अब हम सुख की प्रकृति पर गौर करने जा रहे हैं।

लेकिन आह्लाद का अनुभव सुख से, मज़े से, मौज-मस्ती से एकदम भिन्न बात है। जब आप एक सुन्दर सूर्यास्त को या किसी तेज़ी से बहती हुई नदी को देखते हैं, तो इसमें उल्लास होता है, सौन्दर्य होता है। और मन उस पानी के वैभव को, उसमें झिलमिला रहे प्रकाश को, उसकी चपल धारा को दर्ज़ कर लेता है, और आप कल फिर लौटकर आते हैं, उस नदी को फिर से निहारने, उसी मज़े को हासिल करने की उम्मीद के साथ। आह्लाद सुख-लालसा या मज़ा नहीं है, क्योंकि आप आह्लादित हुए, और बात खत्म हो गई। लेकिन जिस क्षण वह घटना दिमाग में दर्ज़ हुई और जो आह्लाद आपको मिला था, जिसमें आपने सुख पाया था, उसे फिर से पा लेने की दौड़ शुरू हो गयी, तो यह अतीत की ही निरन्तरता है, वर्तमान में से गुज़रती हुई, भविष्य की ओर चलायमान।

जीवन में लगातार यही हमारा सिलसिला है—इच्छा, मज़ा। मज़े का मतलब है सज़ा से बचना और जो सुखदायी है, मज़ेदार है, उससे चिपके रहना। इसलिए हमारे मन हमेशा सज़ा और ईनाम के दायरे में ही काम किया करते हैं। यदि आप एक धार्मिक व्यक्ति हैं, तो आप सोचते हैं स्वर्ग ही आखिरी मज़ा है, क्योंकि तब स्वर्ग भलाई करने, सही ढंग से जीने इत्यादि का ईनाम है, और अगर आप सही काम नहीं कर रहे हैं तो फिर आपकी जगह कहीं और है। इस तरह, ईनाम और सज़ा हमेशा सामने रहते हैं।

और, क्या सुख और इच्छा प्रेम है? 'प्रेम' शब्द का इतना दुरुपयोग, ऐसा अवमूल्यन हुआ है, इस कदर इसे बदनाम किया गया है कि यह अपना सौन्दर्य खो बैठा है। हम प्रेम को यौन से, सेक्स से जोड़ देते हैं। तो हमें यह अवश्य पूछ लेना चाहिए : क्या प्रेम मज़ा या ख्वाहिश है? यह सवाल पूछिये, सर। वक्ता यह सवाल पूछ रहा है; आपको यह सवाल खुद से पूछना होगा और ईमानदारी से अपने को ही जवाब देना होगा। दुःख के सवाल पर गौर करने के बाद हम लोग इसको और भी गहराई से समझेंगे।

मनुष्य सदियों-सदियों से दुःख के साथ रहता आया है, और साफ है कि वह इसका अन्त करने में कभी कामयाब नहीं हो पाया। किसी अप्रिय स्थिति को, जिसमें हमें बेहद तकलीफ से गुज़रना पड़ रहा हो, सहन करते रहना, कभी उसका समाधान न ढूँढ पाना—यह जीने के हमारे जाने-पहचाने तौर-तरीकों में से एक हो गया है। दुःख-तकलीफ के कई रूप हैं। जिन्हें आप सोचते हैं कि आप प्यार करते हैं उनकी मौत होने से उन्हें खो देना ही एकमात्र दुःख नहीं है; पद-प्रतिष्ठा खो बैठना, गरीबी, अन्याय, स्वयं में एक अपूर्णता का एहसास, निपट अज्ञान की अवस्था जिसमें मनुष्य रहता है, ये सब भी दुःख ही हैं। हालाँकि मनुष्य ने अन्तरिक्ष और पृथ्वी के तथा पदार्थ और तकनीकी के बारे में विस्तृत ज्ञान एकत्रित किया है, लेकिन अभी भी वह है अज्ञानी ही, और यह एहसास भी बड़ा गहरा दुःख उपजाता है।

तो इस तरह हम दुःख के साथ रहते चले आये हैं और हमने इसे स्वीकार कर लिया है। हमने यह कभी नहीं कहा : क्या दुःख का अन्त हो सकता है? और कुछ ऐसे लोग भी हैं जो तमाम प्रकार के समाधान देने से नहीं थकते कि कैसे दुःख से पार पाया जाए : ''ईश्वर में आस्था रखें, अपने उद्धारक में आस्था, बुद्ध में आस्था, कृष्ण में आस्था, अथवा जो भी वह है उसमें आस्था रखें।'' इस तरह हम बेइन्तहा दुःख-पीड़ा को सहते आये हैं। और हम पूछ रहे हैं कि क्या यह दुःख-भोग समाप्त हो सकता है, अस्थायी तौर पर नहीं, बल्कि पूरी तरह से इसका अन्त हो सकता है, ताकि इस मन की—जो पीड़ा से, दुःख से जूझता आया है—एक सर्वथा भिन्न अवस्था हो, एक भिन्न गतिशीलता हो।

जो मन दुःख से गुज़र रहा है, वह स्पष्टतापूर्वक विचार नहीं कर सकता। दुःख भोग रहे मन में प्रेम नहीं हो सकता। दुःख से घिरा मन तो किन्हीं काल्पनिक छवियों में पलायन कर जाया करता है। दुःख से घिरे मन का किसी और के साथ कोई सम्बन्ध नहीं होता, भले ही कितनी ही अन्तरंगता उनके बीच हो। जो मन दुःख भोग रहा है, उसका कोई सम्बन्ध

होता ही नहीं। वह दुःख अलगाव बन जाता है, अलग-थलग कर देता है। दुःख केवल व्यक्तिगत ही नहीं होता; सार्वभौम दुःख का भी अस्तित्व है। पूरी मानव-जाति दुःख-तकलीफ़ से गुज़रती है—युद्ध के उपरांत पसरा दुःख, लाखों-लाख लोगों का आँसू बहाना, उस माँ का दुःख जिसने अपना गोद का बच्चा खो दिया है। फिर वह शख्स है जो अपनी महत्त्वाकांक्षा पूरी करना चाहता है, महान आदमी बनना चाहता है, और इसमें असमर्थ है और इसलिए वह भी दुःख उठाता है। और हमने दुःख-भोग के राहतभरे हल ढूँढ लिये हैं। तो जब हम पर दुःख आ पड़ता है तो हम राहत-आराम की तलाश में रहते हैं, और वह राहत हकीकी, असल हो सकती है या किसी भ्रम में, किसी रोमानी, भ्रान्तिपूर्ण कल्पना में। और हम पूछ रहे हैं कि क्या दुःख का कोई अन्त है? यदि आप एक बौद्ध हैं, तो कृपया यह न कहने लगिए, ''अरे हाँ, हमने यह पहले सुना है, बुद्ध ने ऐसा कहा है।'' इसका अभिप्राय क्या हुआ? आप सिर्फ उसे दोहरा रहे हैं जो किसी ने कहा है, लेकिन आपने समस्या को हल तो किया नहीं। महज़ किसी के कहे का उद्धरण दे देना, वह चाहे कितना भी महान रहा हो, दुःख-भोग का हल तो नहीं है। तो कृपया यह पता लगाइए कि क्या दुःख का अन्त हो सकता है। दुःख का अन्त न हो, तो करुणा का अस्तित्व नहीं होता।

व्यक्ति दुःख क्यों भोगता है? आप सब जानते हैं कि दुःख-भोग क्या है, लेकिन आपने यह कभी नहीं पूछा है कि क्यों; और कभी इसकी गहराई में नहीं गये हैं, किसी पर निर्भर किए बिना, बुद्ध पर, जो उन्होंने कहा है उस पर निर्भर किए बिना, या किसी दूसरे देश में किसी अन्य धार्मिक अगुआ ने जो कहा है उस पर भी निर्भर हुए बगैर। उस सब को एक तरफ हटा दीजिए, क्योंकि उन लोगों ने जो भी कहा है, हो सकता है वह सच हो, या हो सकता है वह सच नहीं भी हो; लेकिन आप एक मनुष्य प्राणी के तौर पर दुःख उठाया करते हैं और यदि आप इस समस्या को नहीं सुलझाते और खत्म करते, जीवन और-और यांत्रिक होता जाएगा, और-और दोहराव से भरा, एवं एकदम सतही। आप किन्हीं पवित्र पुस्तकों

को दोहरा या पढ़ सकते हैं, किन्हीं पवित्र कथनों को दोहराते रह सकते हैं, लेकिन आपका जीवन सतही, उथला होता जाता है—और ज़्यादा, और ज़्यादा, यही तो हो रहा है। अतः इस बात की जाँच-पड़ताल महत्त्वपूर्ण है कि क्या दुःख का अन्त हो सकता है।

दुःख क्या होता है? क्या यह किसी चीज़ को खो देना है—नौकरी का न रहना, आपके किसी तथाकथित प्रियजन का बिछुड़ जाना, प्रतिष्ठा, शक्ति, दर्जे, धन का नुकसान? तो दुःख है क्या? क्या यह आत्मदया है, खुद पर तरस खाना है? इसकी पड़ताल कीजिए, मेहरबानी करके, अभी, जब हम इस पर बात कर रहे हैं। यह वक्ता तो केवल एक दर्पण है जो उसे अभिव्यक्त कर रहा है, जो आपके भीतर मौजूद है और जब आप इस दर्पण को देखते हैं, तो यह दर्पण महत्त्वपूर्ण नहीं है, बल्कि जो आप इस दर्पण में देख पा रहे हैं वह महत्त्वपूर्ण है। तब आप दर्पण को फेंक सकते हैं, नष्ट कर सकते हैं, तोड़ दे सकते हैं; नहीं तो आप इस दर्पण को भी एक तस्वीर, एक छवि में तब्दील कर डालेंगे।

तो दुःख क्या है? किसी का न रहना, मनुष्य का अकेलापन, मनुष्य का अलगाव, वह व्यथा जो किसी और से कोई सम्बन्ध न होने से उपजा करती है, और अन्ततः मृत्यु। क्या यह आत्मदया है, खुद पर तरस खाना? इसकी पड़ताल कीजिए, सर, इन चीज़ों से हिचकिचाइए मत। इस जाँच-परख में एकदम सही-सटीक होने की ज़रूरत है। तो क्या यह आत्मदया है? उस व्यक्ति का न रहना जिसमें आपने अपना समस्त स्नेह सँजो रखा था, पूरी तवज्जो, परवाह, और वह व्यक्ति मर जाता है; या दूर चला जाता है, आपसे दूर, आपको अस्वीकार करके, और आप खुद को एकदम उजड़ा-अभागा महसूस करते हैं— यह व्यथा का एक रूप है। और दूसरा यह कि आपका मस्तिष्क इस कदर पारम्परिक, इस कदर दोहरावग्रस्त और यांत्रिक, मशीनी हो गया है कि आप तुरन्त कुछ नहीं देख पाते, ऐसा कुछ जो कि सत्य है, आप उसे तत्क्षण नहीं देख पाते; यह भी एक भारी दुःख है। और जैसे-जैसे बुढ़ापा आने लगता है, कोई बीमारी घेर लेती है, देह

शिथिल पड़ने लगती है और मन धीरे-धीरे अपनी सामर्थ्य खोता जाता है।

ये दुःख के कतिपय घटक हैं, इन सब को नज़र में रखते हुए आपको यह मालूम करना होगा कि इन सन्दर्भों में आपकी प्रतिक्रिया क्या होती है, कैसे आपका जवाब आता है। मतलब कि, आप शक्ति चाहते हैं, आप धन चाहते हैं, आप दर्जा चाहते हैं, आप न्याय चाहते हैं, आप कोई सामाजिक क्रान्ति चाहते हैं, अथवा यदि आप वस्तुतः एक गम्भीर धार्मिक व्यक्ति हैं तो आप उसे पा लेना चाहते हैं जो कालातीत है, जो सत्य है। और ऐसा मन जो दिग्भ्रमित, अनिश्चित, असुरक्षित है, सदा दुःखग्रस्त रहा करता है। तो क्या यह भी दुःख का एक घटक है कि मन को कभी सुरक्षा उपलब्ध नहीं हुई? किसी को नौकरी-धंधे में सुरक्षा मिल जाती है, किसी को परिवार में, या कोई अपने किसी विश्वास में सुरक्षा ढूँढ लेता है—हालाँकि इस बारे में मुझे सन्देह है, और किसी को भी यह सन्देह बना ही रहता है। किसी भी विश्वास में कोई सुरक्षा नहीं हुआ करती, न ही किसी आस्था में, क्योंकि सन्देह आस्था को नष्ट कर देता है, सन्देह सभी विश्वासों को छिन्न-भिन्न कर दिया करता है। लेकिन मनुष्य, इस सारे स्पष्टीकरण के पश्चात भी, न सिर्फ़ अपने मुताल्लिक दुःख उठाता रहता है, बल्कि तब भी जब वह इस संसार को देखता है, इसकी तमाम बदहाली, भ्रम-उलझन, गरीबी, कुरूपता, हिंसा और युद्धों सहित। जब कोई यह सब देखता है, तो इसमें भी बड़े गहरे दुःख की मौजूदगी है।

क्या दुःख का अन्त हो सकता है? वक्ता का कहना है कि ऐसा हो सकता है। जो वह कह रहा है, आप कभी भी उसे यूँ ही स्वीकार नहीं कर सकते; वह कोई आप्त-पुरुष, 'अर्थॉरिटी' नहीं है, न वह कोई गुरु है, न आप उसके अनुयायी हैं। अनुयायी गुरु को तबाह कर देता है, और गुरु अनुयायी को।

क्या ऐसा हो सकता है कि व्यक्ति वेदना की, दुःख की प्रकृति को देखे, और उससे भागे नहीं, कोई राहत-आराम ढूँढने की कोशिश न करे, यह कह कर इसको युक्तियुक्त ठहराने का जतन न करे कि ''चलो, पिछले जन्म में मैंने वैसा किया था, इसलिए अब मैं उसका फल भुगत रहा हूँ''? आपको वे सारी युक्तियाँ मालूम ही हैं, जिनसे मनुष्य खेला करता है। इस सारी बात का तात्पर्य यह है कि क्या आप उस दुःख-वेदना के साथ बने रह सकते हैं, ठहर सकते हैं, विचार की किसी भी गति के बगैर? विचार प्रकट हो जाता है और कहने लगता है, ''मुझे इससे बाहर जाने का कोई रास्ता ढूँढना होगा'', किन्तु दुःख की वह अवस्था तब भी बनी ही रहती है; आप बस उससे दूर भाग रहे होते हैं। लेकिन यदि आप उस दशा के साथ, जिसे आप दुःख होना कहते हैं, एकदम अविचल, ज़रा भी इधर-उधर हटे बिना ठहरे रहते हैं, तब आप देखेंगे कि दुःख होना पूरी तरह से समाप्त हो जाता है, और एक सर्वथा भिन्न प्रारम्भ, एक बिल्कुल अलग ही शुरुआत होती है।

और हमें यह गवेषणा भी करनी चाहिए कि मृत्यु क्या है? क्योंकि यह हमारी ज़िन्दगी का हिस्सा है—जीना और मरना—जीना, और जीने की तमाम कुरूपता, जीने का सौन्दर्य, इसकी उठापटक, इसकी दुश्चिन्ताएँ, इसका संघर्ष; एवं मृत्यु, इस शारीरिक संरचना का बीमारी, बुढ़ापे या किसी दुर्घटना के ज़रिये खत्म हो जाना। अधिकतर मनुष्य, वे धार्मिक हों या न हों, मृत्यु से भय खाते हैं। आशय यह कि अभी तो वे जी रहे हैं, और उनका कहना है कि मृत्यु को और आगे टाला जा सकता है, जीवन और मृत्यु के बीच एक वक्फा, एक अन्तराल है। यह एक तथ्य है। हमने ऐसा क्यों किया है? इस मन ने मृत्यु और जीने को विभाजित, अलग-अलग क्यों कर रखा है? कृपया इसका पता लगाइए, यह आपकी समस्या है। पता लगाइए अपने दिल से, अपने दिमाग से, अगर आप

विचार कर रहे हैं, अगर आप ज़िन्दा हैं, अगर आप सक्रिय हैं, अगर आप महज़ एक परम्परावादी नहीं हैं जो बस दोहरा रहा है, दोहराए चला जा रहा है। क्यों मनुष्य ने युगों-युगों से जीने और मरने को अलग-अलग किया हुआ है? इसका मतलब है कि समय इनके बीच में आ गया है, समझ रहे हैं? वह समय सालों का हो सकता है या दो दिन भर। जीने और मरने के बीच एक अन्तराल है, जो कि समय है।

इसका पता लगाने के लिए, व्यक्ति को इसकी तहकीकात करनी होगी कि जीना क्या होता है और मरना क्या होता है? क्या हम साथ-साथ चल रहे हैं? या आपके पास मृत्यु के बारे में पहले से ही व्याख्याएँ हैं, या आप पुनर्जन्म में, कर्म में विश्वास रखते हैं, या आपका यह विश्वास है कि स्वर्ग में आपका पुनरुत्थान होगा, वगैरह, वगैरह। जिसका मतलब होगा कि आप इस कदर संस्कारबद्ध हैं, आपका मन किसी विश्वास, किसी निष्कर्ष में इतना संकुचित हो चुका है कि आप इस प्रश्न का उत्तर देने में असमर्थ हैं। अर्थात आपका मन शब्दों का, विश्वासों का गुलाम हो चुका है, राहत-दिलासा देने वाले किसी प्रकार के निष्कर्षों का, विचारों का गुलाम हो चुका है, और इस वजह से आप यह कभी नहीं समझ पाएँगे कि क्यों मनुष्य प्राणी पूरा वक्त, सदी-दर-सदी यह करते-रचते आये हैं—यह विभाजन, यह द्वन्द्व, यह भय। अतः इसकी तहकीकात के लिए आपको इस प्रश्न में भी उतरना होगा कि यह जीना क्या है?

इस जीने में, अपनी रोज़मर्रा की ज़िन्दगी में आप सुबह से रात तक, नौ बजे सुबह से शाम पाँच या छह बजे तक किसी नौकरी-धंधे पर जाया करते हैं, दिन-पर-दिन, माह-पर-माह, साल-दर-साल, वही-वही दोहराव। वह जीने का एक हिस्सा हुआ। फिर अपने परिवार के साथ, अपनी पत्नी के साथ, अपने पड़ोसी के साथ रहना-जीना; आपके और आपकी पत्नी या पति के बीच द्वन्द्व, यौन इच्छाएँ, उनकी तृप्ति, उनकी दौड़, और वह द्वन्द्व, वह टकराव जो दो मनुष्य प्राणियों के बीच सतत बरकरार रहता है; 'जो है' और 'जो होना चाहिए' के बीच टकराव; और ताकत पर पकड़ बनाए रखना, वह ताकत राजनीतिक हो चाहे धार्मिक।

ज़रा सोचिए, एक धार्मिक व्यक्ति जिसके पास सत्ता-ताकत है—कितना हास्यास्पद हो चुका है यह सब!

अतः, जीना क्या है? कृपा करके आप लोग इसका खुद जवाब दीजिए। क्या है जीना? कलह-संघर्ष की निरन्तरता, कभी-कभार के आह्लाद सहित, मज़े की, सुख-लालसा की दौड़, और भय—यही तो है आपका सारा-का-सारा जीवन। कोई इससे इनकार नहीं कर सकता; यह जानने के लिए आपको किसी पुरोहित, किसी मनोवैज्ञानिक, किसी गुरु के पास जाने की ज़रूरत नहीं पड़ेगी। यही आपका जीवन है—यांत्रिक, दोहराव-भरा, किसी ऐसी चीज़ में विश्वास पाले हुए जिसका कोई मूल्य, कोई महत्त्व ही नहीं है। महत्त्व इस बात का है कि आप कर क्या रहे हैं, कैसे आप पेश आ रहे हैं, बर्ताव कर रहे हैं, इन चीज़ों का महत्त्व है।

तो यही है जिसे हम जीवन, 'जीना' कहा करते हैं। किसी अन्य के प्रति आसक्ति, और उससे जुड़े भय, उससे जुड़ी चिन्ताएँ, ईर्ष्याएँ; और जहाँ आसक्ति है, वहाँ विकृति है, भ्रष्टता है। जब किसी शख़्स के पास ताकत है और वह उस ताकत से चिपका हुआ है, उसके प्रति आसक्त है, तो वह भ्रष्टता को हवा दे रहा है, पाल-पोस रहा है। जब कोई उच्चस्थ पुरोहित पदारूढ़ होता है, अधिसत्ता बन बैठता है, तो वह अपरिहार्य रूप से भ्रष्टाचरण का पोषण कर रहा होता है। आप यह सब ठीक अपनी आँखों के सामने, अपनी नाक के नीचे होता हुआ देखा करते हैं। यही आपका जीवन है। और आप इसी के छूट जाने से डरते हैं। इसका छूट जाना तो मृत्यु है; इस छूट जाने को ही आप मृत्यु मानते हैं। आप आसक्त हैं, आपके पास पैसा है, पद-प्रतिष्ठा है; या आप एकदम गरीब हैं, कोई इंसाफ नज़र नहीं आता, आप अपने आप में रीते हैं, अपर्याप्त हैं। यह सारा कुछ जीना है, और आप इसे कस कर थामे रहते हैं। और यही ज्ञात है, ठीक? यह हर किसी को ज्ञात है, हर कोई इसे जानता है। और जो अज्ञात है वह मृत्यु है। आप भले ही यह कहते रहें कि पुनर्जन्म हुआ करता है, इसके प्रमाण हैं, इत्यादि। तो यह है आपका जीवन।

अब, जीते-जी, क्या आप आसक्ति का अन्त कर सकते हैं? किसी विश्वास के प्रति आसक्ति, किसी व्यक्ति के प्रति, परिवार के प्रति, किसी आदर्श के प्रति, किसी खास परम्परा के प्रति—क्या आप उस आसक्ति को छूटने दे सकते हैं? मृत्यु आपसे ऐसा करवा लेने वाली है। हो सकता है, आप किसी व्यक्ति के प्रति बहुत गहराई से आसक्त हों, क्योंकि आप अकेले हैं, आपको राहत की ज़रूरत है, आपको किसी का संग-साथ चाहिए। आप अपने सहारे नहीं जी पाते, इसलिए आप किसी-न-किसी पर निर्भर करते हैं। और निर्भरता का अर्थ ही आसक्ति है, और जहाँ आसक्ति है वहाँ ईर्ष्या है, दुश्चिन्ता है, भय है और इस सब से उदित होते हुए कर्म हैं, जो कि भ्रष्टता है, विकृति है। अब, मृत्यु कहती है, ''बस खत्म कीजिए, आप मरने जा रहे हैं।'' तो जीवित रहते हुए ही क्या आप इसे खत्म कर सकते हैं, इसका अन्त कर सकते हैं? वह अन्त ही किसी सर्वथा नये की शुरुआत है—आसक्ति का पूरी तरह से अन्त, जो कि मृत्यु है। जब आप इसका पूरी तरह से अन्त कर देते हैं, तब अस्तित्व का एक सर्वथा भिन्न आयाम विद्यमान होता है।

तब मृत्यु क्या है? हमने इसकी पड़ताल की है कि हमारा जीना क्या है : अस्तव्यस्तता, बदहाली, भ्रम-उलझन और मनुष्य का कठोर श्रम, अविराम श्रम। तो क्या है मृत्यु? मृत्यु केवल शारीरिक ढाँचे की नहीं होती, बुढ़ाती हुई देह, बीमारी से ग्रस्त, गलत तरीके से इस्तेमाल की जा रही देह, अलग-अलग चीज़ों में एक के बाद एक मुब्तला होना जो देह को सनसनी दें, क्षुधा और उत्तेजना दें, और फिर चेतना रहते हुए ही क्रमशः कुम्हला कर बिखरना, या फिर, कई तरह की बीमारियों की गिरफ्त में आ कर सघन पीड़ा के साथ देह का मुरझा जाना, अवसान। तो क्या यही है जो मृत्यु है—दैहिक संरचना का मर जाना। यह हमारी जानकारी में है, इसे हम पहचानते हैं, देखते हैं। लेकिन हम यह भी कहते हैं कि कुछ ऐसा भी है जो मर नहीं सकता—रूह, आत्मन्, कोई स्थायी तत्त्व, जो, जब आप मरते हैं, तो पुनर्जन्म लिया करता है। आप इस सब में बड़ी गहराई से

विश्वास करते हैं, यद्यपि आपमें से कुछ बौद्ध हैं। सभी धर्म बेचैनी से किसी-न-किसी तरह की राहत पेश करते हैं। राहत-चैन सत्य नहीं है, राहत मन की वह समझ नहीं है जो हर प्रकार की भ्रान्तियों, मतवादों, कर्मकांडों को भेदती, उनके तथ्य होने-न-होने को उजागर करती है।

तो क्या मनुष्य में, आपमें, कुछ चिरस्थायी है? तात्पर्य यह कि यदि आपमें कुछ चिरस्थायी है, तब आगामी जीवन में उसके पुनः जन्म लेने की सम्भावना बनती है। पुनर्जन्म में विश्वास मात्र कर लेने का कोई अर्थ नहीं है। यदि आप सचमुच इसमें विश्वास करते हैं, तो आप जो आज कर रहे हैं, उसका असीम महत्त्व है—अगर आप पुनर्जन्म में विश्वास करते हैं। तब, अभी आप जो कर रहे हैं उसकी वजह से या तो आप बेहतर पद-प्रतिष्ठा, बेहतर मकान प्राप्त करने वाले हैं, या फिर आप स्वयं को स्वर्ग के ज़्यादा करीब पाएँगे—जो कुल मिलाकर एक ही बात है।

क्या कुछ ऐसा है आपमें, जो हमेशा बना रहने वाला है—यह 'मैं', यह 'आप', यह मन जो कहता है, 'मैं चिरस्थायी हूँ'? क्या कुछ ऐसा है जो ऐसे ही टिका-बना रहने वाला है? या हर चीज़ गतिमान् है, बदलती जा रही है, स्थायी कुछ भी नहीं है? क्या किसी के साथ आपका सम्बन्ध स्थायी है? और क्या आपके ईश्वर स्थायी हैं? ईश्वर जिसे विचार ने आपके सुख-चैन के लिए सँजो दिया है, अपने दैनिक जीवन की खुराफ़ात से किसी अमूल्य तत्त्व की दिशा में—जो कि एक भ्रान्ति है—आपके पलायन करने के लिए। तो हम कह रहे हैं, ''इस बात का पता स्वयं लगाइए कि क्या आपके जीवन में कुछ ऐसा है जो स्थायी है।'' यह मकान स्थायी है—अगर कोई भूचाल न आ जाए तो। ये वृक्ष, ये सागर, ये नदियाँ, ये पर्वत स्थायी हैं। इनके अलावा, आपके जीवन में क्या कुछ ऐसा है, जो स्थायी हो, हमेशा टिका-बना रहने वाला?

इस 'मैं' को, 'अहं' को, 'ईगो' को विचार ने ही रचा-गढ़ा है। यह नाम, रूप, लक्षण, ये गुण, स्वभावगत विलक्षणताएँ, क्षमताएँ, प्रतिभाएँ—ये सभी कुछ संस्कृति का, शिक्षा के किन्हीं प्रारूपों आदि का परिणाम हैं। चूँकि कुछ भी स्थायी नहीं है, आप भी स्थायी नहीं हैं। आपका एक भौतिक शरीर तो है, किन्तु आपके विचार स्थायी नहीं हैं : वे परिवर्तित होते रहते हैं, लगातार उनमें फेरबदल होता रहता है। आप अपने विश्वासों में राहत-आराम खोजते हैं, आप सोचते हैं कि आपके इन विश्वासों में सुरक्षा है। इसी कारण आपके लिए अपने विश्वासों को छोड़ना इस कदर कठिन होता है। विश्वास महज़ एक शब्द है, महज़ एक विचार, एक अवधारणा, और आप उस अवधारणा में शरण ले लिया करते हैं, और वह तो सुरक्षा नहीं है। क्या आपने अपने धार्मिक कहे जाने वाले लोगों पर कभी गौर किया है, कितने सुरक्षित-निश्चित हुआ करते हैं वे अपने विश्वास, अपने रुख, अपने मत-सिद्धान्त को लेकर? वह सुरक्षा भ्रान्ति का ही एक रूप है। तो चिरस्थायी तो कहीं कुछ भी नहीं है।

इस चीज़ का एहसास होना बहुत अवसादजनक, विषादपूर्ण हो सकता है, लेकिन बात ऐसी है नहीं। जब आप इस तथ्य को देख लेते हैं कि कुछ भी ऐसा नहीं है जो सदा बना-टिका रहने वाला हो, तो वह देख लेना ही प्रज्ञा है, 'इन्टेलीजेंस' है। और उस प्रज्ञा में सम्पूर्ण सुरक्षा विद्यमान होती है। यह *आपकी* प्रज्ञा अथवा *मेरी* प्रज्ञा नहीं है, यह तो बस *प्रज्ञा* है। तो जब तक आसक्ति मौजूद है, भ्रष्टता ने, विकृति ने होना ही होना है—इसके सत्य को तत्काल देख पाना, और इसका तत्काल अन्त ही प्रज्ञा है। यह प्रज्ञा एकमात्र कारक है सुरक्षा का—बल्कि सुरक्षा का नहीं, वह तो एक गलत शब्द होगा; यह प्रज्ञा जो न आपकी है और न किसी और की, यह तो किसी अपरिमित की, निस्सीम की प्रज्ञा है। जैसा कि हमने कहा था, जहाँ दुःख घटित हो रहा हो, वहाँ करुणा होती ही नहीं। और जहाँ करुणा है, उसकी फिर अपनी प्रज्ञा होती है।

15 नवंबर, 1980

अथाह मन

अथाह मन

पिछली तीन वार्ताओं में जब हम यहाँ मिले हैं, हम आपस में मानव-जीवन की, मानव-अस्तित्व की समस्याओं, कई-कई मनोवैज्ञानिक, राजनीतिक, धार्मिक व सांसारिक समस्याओं के बारे में बात करते रहे हैं। जैसा कि हमने इन वार्ताओं की शुरुआत में ही कहा था, हम एक ही राह पर साथ-साथ चल रहे हैं। वक्ता आपकी अगुआई नहीं कर रहा : रफ्तार आपकी इच्छानुसार ही रहे। और इस साँझ हम इस प्रश्न में जाना चाहेंगे कि धर्म क्या है? इस मन का विस्तार कैसा है? क्या ऐसा कुछ है जो मन से परे है? या बस वही सारी चीज़ें हैं जिन्हें विचार ने रचा है—बाहरी और गहरे आन्तरिक— दोनों तौर पर। विचार का तकनीकी, वैज्ञानिक, चिकित्सकीय उद्देश्यों के लिए एक उपकरण के रूप में इस्तेमाल किया गया है, विचार ने ब्रह्मांड की खोजबीन की है, शुक्र और शनि ग्रहों तक उसकी पहुँच हो गयी है। मनुष्य चाँद पर जा उतरा है और वहाँ अपना छोटा-मोटा झंडा गाड़ आया है। वह अन्तरिक्ष में गया है, धरती के भीतर, समुद्रों में पहुँचा है। मनुष्य ने बाह्य जगत के नियन्त्रण की दिशा में अपनी अपरिमित क्षमता का परिचय दिया है—अन्तरिक्ष का नियन्त्रण, प्रकृति, पर्यावरण इत्यादि का नियन्त्रण। लेकिन मनुष्य—यानी आप और मैं—मन के विस्तार में, इसकी गहनता में अभी नहीं पैठे हैं।

इस मन का सामर्थ्य बेशुमार है, जैसा कि तकनीकी के विश्व में नज़र आता है; अद्भुत चीज़ें कर रहे हैं वे लोग। और पूरब बस उसके

अनुकरण में, फेरबदल में या नकल में लगा है। किन्तु मन क्या है? मौजूदा चेतना से परे क्या विद्यमान है? इस पर हमने कभी प्रश्नों का सामना नहीं किया है। हम उस विपुल ऊर्जा की थाह पाने में कभी समर्थ नहीं हुए हैं, जो इस मन में मौजूद है। मन से यहाँ हमारा आशय केवल मस्तिष्क की क्षमता, कार्यप्रणाली, उसका क्रियाकलाप ही नहीं है, बल्कि आपकी भावनाएँ, इंद्रियगत प्रतिक्रियाएँ, स्नेह, प्रेम, तमाम मानव-सुलभ प्रत्युत्तर तथा प्रतिक्रियाएँ, सीखने की, भूलने की और 'रिकॉर्ड' करने, सहेजने की मस्तिष्क की क्षमता, और फिर जो इसने जानकारी के तौर पर सीखा है, उसके मुताबिक कुशलतापूर्वक या अकुशलता से क्रियाशील होने की क्षमता—मन से हमारा आशय यह सभी कुछ है।

यदि आपकी इसमें रुचि हो, तो इस साँझ हम अपने आप यह पता लगाने जा रहे हैं कि मन का विस्तार कैसा है, क्या है? यह एक बहुत बड़ा सवाल है। आपको लग सकता है इस बारे में बात करना भी ढिठाई जैसा है या, अगर हम इस शब्द का इस्तेमाल कर सकें तो, 'सैक्रिलिजस,' धर्म-विरुद्ध है। पर हम मनुष्य, जिस तरह हम संस्कारग्रस्त हैं, अपने ही बनाये छोटे-से दायरे में रहा करते हैं, इस विस्तीर्ण धरती के कहीं किसी छोटे-से कोने में, और उस कोने को लेकर एक-दूसरे से लड़ते-भिड़ते रहते हैं कि कौन हम पर राज्य करे, किसका शासन हो, कौन-से राजनेता या धर्मपुरोहित होने चाहिए, इत्यादि। पर पहले हमें इस बारे में एकदम स्पष्ट होना होगा कि मन की विराटता और उसकी क्षमता की बहुत गहराई से तहकीकात के लिए मौन का, 'साइलेंस' का होना पूरी तरह से ज़रूरी है, जो विचार के द्वारा नहीं लाया गया हो, जो किसी पुरस्कार अथवा दंड के रूप में न हो, ऐसा मौन, ऐसी शान्ति जिससे कोई प्रयोजन सिद्ध न किया जाना हो। मौन के विविध प्रकार हैं—दो विचारों के बीच की निःशब्दता, दो आवाज़ों के बीच की चुप्पी, दो पंछियों के गाने और चुप

होने के बीच का मौन, समुद्र की नीरवता जब वह सर्वथा शान्त होता है, और किसी साँझ की खामोशी, जब सूरज डूबने जा रहा हो, आ रही रात के अद्भुत एहसास को सँजोए वे भव्य लमहे। मनुष्य को शब्दों के पार के इस मौन की खोज रहती आयी है।

और धर्म ने इसकी व्याख्या या इसका कोई तर्कसम्मत अर्थ पेश करने की कोशिश की है, अथवा अनेक शताब्दियों के प्रचार के द्वारा—ईसाई प्रचार, बौद्ध प्रचार, हिन्दू, इस्लामी और ऐसी ही अन्य मान्यताएँ थोपी हैं मनुष्य पर, उस पर विश्वास थोपे हैं, और इस प्रकार धार्मिक रूप से उसे इस कदर संस्कारित कर दिया है कि वह उस संस्कारबद्धता से परे जाना करीब-करीब असम्भव पाता है। तो वह उस संस्कारबद्धता का जितना उससे बन पड़ता है उपयोग करता है, और किन्हीं काल्पनिक छवियों, अवधारणाओं, परिकल्पनाओं, धर्मशास्त्रीय गवेषणा आदि के ज़रिये उस कारागार से पलायन करने की जद्दोजहद करता है। और धर्म अब बस एक शाब्दिक वक्तव्य बन कर रह गया है, एक नारा, एक रटन—''मैं बौद्ध हूँ; मैं ईसाई हूँ'', और ईसाइयत के विविध मतान्तर, और हिन्दुओं के हज़ारों-हज़ार देवी-देवता, या इस्लामी दुनिया का रब। हज़ारों सालों से हमारे कानों में इतना कुछ डाला जा चुका है कि हमारा मस्तिष्क संस्कारों से बेइन्तहा भर गया है। और जो मनुष्य सत्य का अन्वेषण कर रहा हो, ज़ाहिर है कि उसकी निष्ठा किसी संगठित धर्म, किसी विश्वास, किन्हीं सम्प्रदायगत देवी-देवताओं अथवा किसी इकलौते ईश्वर के प्रति नहीं हो सकती। उसके लिए तमाम धार्मिक अनुष्ठानों एवं प्रतीकों से, प्रतिमाओं से, किसी भी सर्वोच्च धर्मपुरोहित की अधिसत्ता इत्यादि से मुक्त रहना आवश्यक है।

क्या यह मन, आपका मन, इस प्रकार मुक्त, आज़ाद रह सकता है? यह आज़ाद नहीं है, क्योंकि यह लगातार सुरक्षा की खोज में जुटा है, और बात केवल शारीरिक सुरक्षा की ही नहीं है; अन्दरूनी तौर पर, मानसिक तौर पर, गहराई में कहीं, मन के रन्ध्रों में किसी तरह की आशा की, किसी तरह की राहत की, सुरक्षा की, चिरस्थायित्व की किसी अवस्था

की विचार को सदैव तलाश रहती है। और अपनी इसी तलाश के चलते वह पुरोहितों के जाल में फँस जाया करता है; ऐसे जाल दुनिया भर में फैले हुए हैं—संगठनों, विधि-अनुष्ठानों और इसी तरह की खुराफातों के जाल। तो क्या आपका मन उस सब से मुक्त हो सकता है? अन्यथा आप कैदी हैं, आप वस्तुतः मनुष्य प्राणी हैं ही नहीं, आप सिर्फ मशीनें हैं जो चल रही हैं, काम कर रही हैं।

हम पिछले दिनों एक कम्प्यूटर विशेषज्ञ से बात कर रहे थे। एक कम्प्यूटर किसी उस्ताद शतरंज के खिलाड़ी के साथ शतरंज खेलता है। पहली दो या तीन बाज़ियों में वह खिलाड़ी उस कम्प्यूटर को मात दे देता है, लेकिन तीन या चार बाज़ियों के बाद वह कम्प्यूटर उसे हरा देता है, क्योंकि कम्प्यूटर सीख रहा है। जब इसे हराया जा रहा था, तब यह सीख रहा था कि किस चाल की वजह से हार हो रही है। तो इसने तजुर्बा कर लिया, पहली गलती से सीखा, और तब दूसरी गलती होती है और इस तरह यह तजुर्बा लेता जाता है और सीखता जाता है जब तक यह उस उस्ताद खिलाड़ी को मात नहीं दे देता। और मनुष्य का मन भी इसी ढब से काम करता है—अनुभव, जानकारी, स्मृति, क्रिया, और उस क्रिया से पुनः सीखना तथा और अधिक जानकारी। हम अनवरत इस चक्र को दोहराते जाते हैं, और इस तरह हम सदैव ज्ञात से ज्ञात की ओर गति करते रहते हैं, और फिर उस जाने हुए को काम में लाते रहते हैं, ठीक उन नवीनतम कम्प्यूटरों की तरह जिनमें खुद को सही कर लेने, सुधार लेने की क्षमता होती है, जो तजुर्बा ले सकते हैं और सीख सकते हैं और इस तरह सोचने में, समस्याओं को हल करने में मनुष्य की अपेक्षा बहुत अधिक तेज़ी से काम कर पाते हैं।

तो हमारे मन कमोबेश इसी ढंग से काम किया करते हैं; तात्पर्य यह कि हमारे मन यांत्रिक बन गये हैं। यदि आप एक इंजीनियर के रूप में शिक्षित हुए हैं तो जीवन भर आप उसी परिपाटी में सोचा करते हैं—कैसे पुल, रेल लाइन, इमारतें, वायुयान आदि बनाए जाएँ। अथवा

यदि आप एक शल्यचिकित्सक, 'सर्जन' हैं, तो आपने मेडिसिन, ऑपरेशन और तमाम चीज़ों को सीखते हुए दस साल बिताये होते हैं, और अपना बाकी जीवन आप बस किसी निष्णात या फिर किसी घटिया किस्म के शल्यचिकित्सक का जीते हैं। या आप किस्म-किस्म के अभिधानों-सम्प्रदायों की विविध धार्मिक पुस्तकें पढ़ते हुए साल-दर-साल बिताते हैं, और उस सब में आप एक विशेषज्ञ हो जाते हैं, बहस-मुबाहिसे में समर्थ; लेकिन अभी भी यह ज्ञात से ज्ञात की ही यात्रा होती है।

और हमारा दैनिक जीवन भी यांत्रिक है : सुबह नौ बजे से शाम पाँच बजे तक दफ्तर, उसी ढर्रे को दोहराते रहना, घर लौटना, सेक्स, झगड़े, महत्त्वाकांक्षा, दम्भ, अंधविश्वास और वही सब कुछ। यही है हमारा जीवन। और हमारे मस्तिष्क, हमारे मन इसी सब से संस्कारित हैं, और चूँकि हम इन संस्कारों से बँधे हैं, हम उस संकट को नहीं देख पाते जो इस संस्कारबद्धता में निहित है। दुनिया तकनीकी तौर पर खूब तेज़ी से बदल रही है, लेकिन नैतिक, आचरणपरक रूप से हम अब भी वही हैं जो थे, सम्भवतः थोड़े-बहुत फेरबदल, परिष्कार, पारस्परिक व्यवहार के औपचारिक सुथरेपन के साथ। ईश्वर में विश्वास करने अथवा ईश्वर में विश्वास नहीं करने के सन्दर्भ में भी हम बेहद संस्कारबद्ध हैं। और चाहे हम ईश्वर में विश्वास करते हों या नहीं करते हों, धर्मों की हमारे जीवन में असाधारण भूमिका रही है। यूरोप में धर्मयुद्ध हुए हैं, धर्म-न्यायाधिकरण ('इन्क्विज़िशन'), समाज से बाहर करना, ईश्वर के या किसी और तत्त्व के नाम पर यंत्रणाएँ देना, यह सब होता रहा है। सम्भवतः, केवल बौद्ध और हिन्दू जगत में ही हत्या को प्रोत्साहित नहीं किया जाता रहा, हालाँकि मुझे बताया गया है कि श्रीलंका में, आप मांसाहार करते हैं—और आप स्वयं को बौद्ध कहते हैं। माना जाता है कि बुद्ध ने तो कहा था, 'हत्या मत करो'।

देखिए, हम यह कह रहे हैं कि धर्म महज़ एक छलावा भर हो जाया करता है, इसमें कोई असलियत, कोई गहराई नहीं रह जाती। यह शब्दों का, उद्धरणों का, प्रमाणसत्ता का एक सिलसिला भर होता है, जो

हमारे दैनिक जीवन से सर्वथा असम्बद्ध है। हमारा दैनिक जीवन तो हिंसा का जीवन है, मारने का, और हम अपनी रुचि की पूर्ति हेतु जानवरों को मारा करते हैं। ये तथ्य हैं, इस वक्ता की ईजाद नहीं। अपनी खुद की ज़िन्दगियों को देखिए : जब आप कहते हैं कि आप एक बौद्ध हैं, तो ज़रा गौर कीजिए इस पर। आप बौद्ध नहीं, 'बौद्ध' नाम की एक चिप्पी, एक लेबल भर हैं। लेकिन आप शेष संसार की तरह मनुष्य प्राणी ही हैं, अपने सारे कष्टों, परिश्रम, उलझनों, तंगहाली, दुःख, पीड़ा, उस सभी कुछ के सहित। अतः आप ही यह संसार हैं और यह संसार है : आप। इस बारे में किसी बहस या तर्क-वितर्क का सवाल ही नहीं है। मानसिक तल पर आप यह संसार हैं और यह संसार आप है। और जब इस तथ्य का एहसास होता है, तो आप आश्चर्यजनक रूप से उत्तरदायी हो जाते हैं–उत्तरदायी उसके लिए जो आप सोच रहे हैं, जो आप कर रहे हैं, किस तरह आपका बर्ताव है। और हमारे मन वही बन गये हैं जो हम हैं। हम ही अपने मन हैं, हम ही अपनी चेतना हैं। हमारी चेतना वही है जो इसकी अन्तर्वस्तु है : भय, पीड़ा, सुख-भोग, विश्वास, 'मैं यह चाहता हूँ', 'यह मैं नहीं चाहता'। हम जो कुछ हैं, अपनी अन्तर्वस्तु सहित चेतना ही तो हैं।

और ध्यान है, उस अन्तर्वस्तु का शान्त हो जाना। हमारी चेतना का अपनी समस्त अन्तर्वस्तु के समेत, अर्थात जो कुछ भी इसमें है उसके समेत रिक्त किया जाना ध्यान है। ध्यान, इस शब्द का अर्थ, शब्दकोशीय अर्थ है किसी चीज़ पर भली-भाँति गौर करना, उस पर विचार करना। और हमें तहकीकात यह करनी है कि ध्यान क्या है, यह नहीं कि ध्यान कैसे किया जाए? 'ध्यान क्या है?', यह प्रश्न 'ध्यान कैसे करें?' से कहीं अधिक महत्त्वपूर्ण है। तो तिब्बती ध्यान है, बौद्ध, हिन्दू, चीनी, ज़ेन, तमाम तरह के ध्यान हैं, प्रत्येक की अपनी खास पद्धति है, अपने खास अभ्यास हैं–साँस लेना, साँस रोक लेना, किसी आसन विशेष में बैठना–जो कि वही सारी चीज़ें हैं जिन्हें विचार ने जोड़ा-जमाया है कि ध्यान क्या होना चाहिए।

तो हम साथ-साथ तहकीकात कर रहे हैं कि ध्यान क्या है? कई लोग दो-दो वर्ष ज़ेन ध्यान, हिन्दू ध्यान, बौद्ध ध्यान, या ध्यान के अन्य प्रकारों का अभ्यास करते रहे हैं, जिनका गुरुओं ने आविष्कार किया है या जिनकी उन्होंने व्याख्या की है। ये सभी नियन्त्रण, अनुशासन, अभ्यास पर आधारित हैं, किसी अधिसत्ता, स्थापित व्यवस्था, किसी गुरु ने जो बताया है उस पर आस्था इनका आधार है। इस वक्ता के लिए वह सब ध्यान नहीं है। आप दिन में बीस मिनट ध्यान कर सकते हैं और शेष दिन अपनी दुष्टताओं में लगे रह सकते हैं; यह तो ध्यान नहीं हुआ। आप किसी ऐसे समूह से जुड़ सकते हैं जिसकी अपनी कोई न्यारी ही ध्यान-पद्धति हो। पूरी दुनिया में, खासकर इन दिनों, ध्यान के नाम पर तमाम किस्म की चीज़ें हो रही हैं। भारतीय गुरु इस निरर्थकता को यूरोप ले गये हैं, और लोग इसका अभ्यास कर रहे हैं, ईश्वर जाने क्यों; शायद और ज़्यादा धन हासिल करने, या बेहतर स्वास्थ्य, अथवा स्मृति पर बेहतर नियन्त्रण पाने या ऐसे ही अन्य प्रयोजनों के लिए। तो सुनें मेहरबानी करके, और इस प्रश्न की तह में जाएँ कि ध्यान क्या है, और धर्म क्या है?

हो सकता है आपको वह कहानी याद हो जिसे यह वक्ता अक्सर दोहराता रहा है, शायद वह कहानी उसी ने ईजाद की है। एक सड़क से दो जने गुज़र रहे थे, तमाम वृक्षों को और उनकी छायाओं को, मकानों को, और सुनिर्मित दीवारों को, और उस सब को देखते हुए जो वहाँ मौजूद था। उनमें से एक झुक कर कुछ उठाता है, उसे देखता है और तत्काल उसका चेहरा कान्तिमान्, आश्चर्यजनक रूप से सुन्दर हो उठता है, उसकी आँखों में चमक आ जाती है; एक तरह की गरिमा से मंडित, मंगलाशिष के भाव से वह आपूरित हो उठता है। और उसका मित्र कहता है, "हुआ क्या है तुम्हें? यह है क्या, जिसे तुमने उठाया है?" और यह मित्र उत्तर देता है, "मुझे लगता है, यह सत्य है, कम-से-कम उसका अंश तो है ही, और मैं इसे अपने पास रखने जा रहा हूँ", और वह उसे अपनी जेब में रख लेता है; और तब उसका मित्र उसे कहता है, "मेरे खयाल से, इस बारे में मैं तुम्हारी मदद कर सकता हूँ; हम इसका संगठन बना सकते हैं।"

क्या आप इसका अर्थ समझ रहे हैं? हम संगठनों पर निर्भर रहते हैं। डाकघर का संगठन, इस हॉल को, इस शहर को बिजली देने हेतु संगठन, ये सब संगठन आवश्यक हैं। लेकिन हम स्वयं की मानसिक समझ के लिए भी संगठनों पर आश्रित हो जाया करते हैं। हम समूहों पर, शिक्षकों पर, नेताओं पर, उस सब पर निर्भर करने लगते हैं। न तो राजनेता, न वैज्ञानिक, न ही लब्धप्रतिष्ठ धार्मिक जन कभी भी मनुष्यता की समस्याओं के हल निकाल सकते हैं। कभी नहीं। जो कुछ भी आपने रचा है—राजनीति, धार्मिक संगठन, वह सारा कुछ—मनुष्य-निर्मित ही है। आपने यह सब राहत-आराम के लिए, सुरक्षा के लिए, संरक्षण के लिए अपनी लालसा के चलते निर्मित किया है। और जो मनुष्य एक धार्मिक मन की गहराई और उसके मायनों की गवेषणा कर रहा है, वह किसी समूह या किसी संगठन का, किसी तथाकथित धार्मिक संगठन का होकर नहीं रह सकता। अब, क्या आप इन्हें इसी वक्त छोड़ सकते हैं? कल नहीं; यह न कहते रहें, ''मैं इस विषय में विचार करूँगा''। तब आप यह कभी नहीं कर पाएँगे।

संबोधि, एन्लाइटनमेंट समय का मसला नहीं है; इसका आगमन वर्षों अभ्यास द्वारा, वर्षों त्याग-तपस्या द्वारा नहीं होता। धार्मिक मन में समय के लिए कोई जगह नहीं है। और संसार में हर शख्स यही कहे जा रहा है, ''उस स्वर्गतुल्य अवस्था की उपलब्धि अथवा उस स्वर्गजन्य क्षीरपान हेतु मुझे समय दीजिए।''

तो हम कह रहे हैं कि कर्म ही प्रत्यक्ष बोध है—देखना और तत्क्षण करना। मैं इस वक्तव्य के खुलासे में जाता हूँ। हम जो किया करते हैं, वह कुछ इस प्रकार है : कोई एक वक्तव्य देता है, जैसे कि ''आसक्ति भ्रष्टाचार की ओर ले जाती है''। यह इस वक्ता द्वारा दिया गया एक वक्तव्य है। आप इसे सुनते हैं, आप आसक्त हैं, और आप कहते हैं, ''यकीनन, थोड़ी-बहुत आसक्ति है तो; लेकिन यह ज़रूरी है।'' और आप आसक्त इसलिए हैं क्योंकि आप अकेले हैं, राहत-आराम, और वह सारा कुछ चाहते हैं। अब, जब आप सुन रहे हैं, यदि आप संवेदनशील, सतर्क

हैं, देख रहे हैं, तो प्रत्यक्ष बोध का वह क्षण ही, जो कि सत्य है, कर्म होता है; और वह कर्म है : समस्त आसक्ति को उसी क्षण छोड़ देना। वही प्रज्ञा है। एक चालाक मस्तिष्क नहीं जो बहस कर सकता है, विविध मत, सिद्धान्त सामने रख सकता है, तर्क की द्वन्द्वात्मक पद्धति अपना सकता है—वह सब प्रज्ञा, 'इन्टेलीजेंस' नहीं है। प्रज्ञा है देख लेना—उदाहरण के तौर पर, यह देख लेना कि इस विश्व में राष्ट्रवाद एक ज़हर है, इसके सत्य को तत्क्षण देख लेना और राष्ट्रवाद से मुक्त हो जाना। कर्म के तल पर वह मुक्ति ही प्रज्ञा है। वह प्रज्ञा आपकी या मेरी नहीं है; यह कर्म में क्रियान्वित होती सत्य की प्रज्ञा है।

अतः, ध्यान है समस्त मापन से, माप-तोल से मुक्ति। हमारे मन हमेशा माप-तोल करते रहते हैं—इससे अधिक, इससे कम, अधिक ताकतवर, कम ताकतवर, 'मैं लोभी हूँ', 'मैं कम लोभी हो जाऊँगा।' और इस शब्द 'मेडीटेशन', ध्यान का अर्थ मापन भी होता है। क्या मन मापन से, जो तुलना है, नकल है, इसके या उसके अनुसार होना है, क्या मन उस मापन से मुक्त हो सकता है? मापन के बगैर, तकनीकी विश्व का तो वजूद ही मुमकिन नहीं। सारे-के-सारे पाश्चात्य विश्व पर प्राचीन ग्रीक बुद्धि हावी है। उनके लिए तो, मापन अनुसंधान हेतु एक अनिवार्य साधन था। तो क्या आपके मन अब मापन से मुक्त हो सकते हैं—और अधिक, और कम, 'यह होना चाहिए' और 'यह नहीं होना चाहिए' से—ताकि मापन के, माप-तोल के रूप में विचार की कोई गतिविधि हो ही नहीं। अगर आप अपने पूरे मन से इस पर गौर करेंगे—जिसमें निहित है आपका सुनना, देखना और सीखना—तब आपको नज़र आ जाएगा कि आपके जीवन का आधार मापन ही है।

महत्त्वाकांक्षा माप-तोल है। स्नेह माप-तोल बन गया है। प्रेम में कोई माप-तोल नहीं होती, लेकिन हम जानते ही नहीं कि प्रेम क्या है। हम मज़े को, इच्छा को ज़रूर जानते हैं, पर इच्छा, मज़ा तो प्रेम नहीं है। अब आप इस कथन को सुनते हैं और आप सवाल खड़े करने लगते

हैं, क्योंकि आप तो जी ही मज़े के, इच्छा के सहारे रहे हैं; यौनक्रिया की, सेक्स की गतिविधि की तस्वीरें हैं आपके भीतर, और आप वह सब छोड़ नहीं पाते, उसे जाने नहीं देते। तो आप कहते हैं, ''ऐसा है क्या? पर कैसे कोई इसको छोड़ सकता है!?'' जिसका मतलब है कि आप असल में सुन ही नहीं रहे हैं। आप छोड़ना चाहते नहीं; या आप नहीं छोड़ने के कारण तलाश कर लेते हैं। अतः आप सुनने के कारज से दूर हट रहे होते हैं। और यह वक्ता कह रहा है कि ध्यान एक ऐसी गति है जिसमें मापन, माप-तोल है ही नहीं। आप समझ पा रहे हैं इसके सौन्दर्य को?

तो मन का मौन परिमेय नहीं है, उसे मापा नहीं जा सकता। मन को पूरी तरह से खामोश होना होता है, विचार की एक भी हलचल के बिना। और यह केवल तभी घटित हो सकता है, जब आपने अपनी चेतना की अन्तर्वस्तु को, उसमें जो कुछ भी है उस सब को, समझ लिया हो। वह अन्तर्वस्तु, जो कि आपका दैनिक जीवन है—आपकी प्रतिक्रियाएँ, आपको जो ठेस लगी है, आपके दम्भ, आपकी चातुरी तथा धूर्ततापूर्ण छलावे, आपकी चेतना का अनन्वेषित, अनखोजा हिस्सा—उस सब का अवलोकन, उस सब का देखा जाना बहुत ज़रूरी है; और उनको एक-एक करके लेने, एक-एक करके उनसे छुटकारा पाने की बात नहीं हो रही है। तो क्या हम स्वयं के भीतर एकदम गहराई में पैठ सकते हैं, उस सारी अन्तर्वस्तु को एक निगाह में देख सकते हैं, न कि थोड़ा-थोड़ा करके? इसके लिए अवधान की, 'अटेन्शन' की दरकार होती है। देखिए, जब मैं इस शब्द 'अटेन्शन' का प्रयोग करता हूँ, आप जानना चाहते हैं कि यह होता क्या है? और मुझको इसे समझाना पड़ता है। लेकिन यदि आपके मन सतर्क-सावधान हैं, तो आप तत्क्षण जान जाएँगे कि अवधान, 'अटेन्शन' क्या है।

आप अवधान को विकसित नहीं कर सकते। आप एकाग्रता को ज़रूर विकसित कर सकते हैं। एकाग्रता है विचार की ऊर्जा को एक विशिष्ट बिन्दु पर केन्द्रित करना, बाकी तमाम दखलअंदाज़ियों, भटकावों का प्रतिरोध करते हुए, विचार को उस एक बिन्दु पर बनाए रखना। इसी को आम तौर से एकाग्रता कहा जाता है। स्कूल में विद्यार्थी इसे सीख लेता है : वह खिड़की से बाहर देखना चाहता है, और शिक्षक कहता है, ''अपनी किताब पर ध्यान दो, उस पर एकाग्रता बनाए रखो।'' लेकिन उस लड़के की उत्सुकता उड़ान भरते उस पंछी को, दीवार पर मँडराती उस मक्खी को, और औंधे मुँह रेंगती उस छिपकली को देखने में है; वह उस सब को देख रहा है। उस सब को देखना 'अटेन्शन', अवधान ही है, पर वह शिक्षक कहता है, ''किताब पर ध्यान दो!'' आप इस फर्क को देख पा रहे हैं?

तो हमें अवधान और एकाग्रता के बीच इस फर्क के बारे में स्पष्ट होना होगा। हमारे मन एकाग्र होने के लिए कमोबेश प्रशिक्षित कर दिये गये हैं। (बल्कि उसमें भी हम ढीले ही हैं।) जब तक इससे आपको कोई फ़ायदा मिल रहा होता है, या किसी कष्ट-पीड़ा को टालने की गरज़ से, आप एकाग्र हो जाया करते हैं। अर्थात, अपने विचार को किसी एक बिन्दु पर केन्द्रित करने में आपको विचार की हर अन्य गतिविधि को हटा देना पड़ता है; और विचार का दबाव तो हमेशा पड़ता ही रहता है। आप किसी चीज़ पर एकाग्र होना चाहते हैं, 'फोकस' करना चाहते हैं, लेकिन विचार भटक जाता है, और आपको उसे खींच कर वापस लाना पड़ता है और इस तरह सतत संघर्ष जारी रहता है। तो एक होता है नियन्त्रक, और दूसरा नियन्त्रित। वह नियन्त्रक हमेशा कहता रहता है कि विचार को 'इस' पर ध्यान देने की, एकाग्र होने की ज़रूरत है, वह 'यह' करे, 'वह' न करे। तो नियन्त्रक और नियन्त्रित के बीच एक विभाजन बन जाया करता है। यदि आप इसे वस्तुतः समझ लेते हैं, तो आप देखेंगे कि द्वन्द समाप्त हो जाता है, पूर्ण रूप से—यदि आपको बात सचमुच समझ आ जाती है, सिर्फ़ शाब्दिक, बौद्धिक स्तर पर नहीं, बल्कि यदि

आप इस सत्य को देख पाते हैं कि यह नियन्त्रण करने वाला वही तो है जिसे वह नियन्त्रित कर रहा है, नियन्त्रक नियन्त्रित ही है।

विचार ने स्वयं को नियन्त्रक, और जिसे वह नियन्त्रित करेगा, इनके बीच बाँट लिया है। है यह अभी भी विचार ही; ठीक? इस बिन्दु पर स्पष्ट हो जाएँ। कोई क्रोधित होता है, और तब विचार कहता है, ''काबू करो इसे, क्रोध मत करो।'' क्या यह विचार इस मन से भिन्न है जिसे क्रोध आ रहा है? आप क्रोध ही हैं, यह नहीं कि आप क्रोध से जुदा हैं। यह तो स्पष्ट है, है कि नहीं? इस तरह, नियंत्रक को विचार द्वारा निर्मित किया गया है, उस विचार द्वारा जो इस परम्परा का पोषण करता रहा है कि वह उच्चतर है, जिसे वह नियन्त्रित कर रहा है उससे बढ़कर है, उस नियन्त्रित से वह भिन्न है। अब, अगर आप इस पर गौर करते हैं, इसका अवलोकन करते हैं तो आपको यह बात साफ हो जाएगी कि नियन्त्रक ही नियन्त्रित है। विचार भटकता है और कहने लगता है, ''मुझे नियन्त्रण करना होगा''–विचार यह कह रहा है। तो, विचार ही तो वह नियन्त्रक हुआ। आप समझ रहे हैं? तो नियन्त्रण का सवाल ही नहीं उठता। अगर आप इसे समझें नहीं, तो यह एक बड़ा खतरनाक वक्तव्य है। इस वक्ता ने कभी नियन्त्रण किया ही नहीं–अपनी भावनाओं पर, अपने विचारों पर, उस सब पर–कभी भी नहीं, क्योंकि ठीक शुरुआत से, उसने यह देख लिया कि वह नियन्त्रक भी नियन्त्रित ही है। द्वन्द्व उपजता तभी है, जब यह बँटवारा हो, विभाजन हो।

पता नहीं, आप यह सब देख पा रहे हैं या नहीं। मेहरबानी करके इसे समझ लें, क्योंकि ध्यान, 'मेडीटेशन' कोई द्वन्द्व नहीं है। यह ऐसा कुछ नहीं है कि आपको नियन्त्रण करना होगा, कि आप माप-तोल करेंगे ही नहीं, कि आपके लिए यह अथवा वह करना ज़रूरी है। इस ध्यान का आगमन सहज ही होता है, यदि आप अपने घर में व्यवस्था ले आएँ–अपने घर में, अपने आप में व्यवस्था, जिसका आशय है कि आपमें कोई द्वन्द्व नहीं है, प्रयास का साया तक नहीं है। यह, मनुष्य मन के लिए, एक

बहुत बड़ी चुनौती है। अतः ध्यान समस्त मापन का, माप-तोल का अन्त है। मापन का अस्तित्व तभी तक है, जब तक यह 'मैं', यह 'मुझे' मौजूद है, मेरे गर्व, मेरी छवियों, मुझे लगीं ठेस-चोटों, मेरे दम्भ, मेरी महत्त्वाकांक्षा, विविध भय, चिन्ता और उस तरह की तमाम चीज़ों समेत। इस 'मैं' को विचार ने ही रचा-गढ़ा है। जब तक इस 'मैं' का वजूद है, जो कि मापन का केन्द्र है, जो कि द्वन्द्व का केन्द्रबिन्दु है, ध्यान केवल और भ्रम, और उपद्रव की तरफ ही ले जाएगा; इसका कोई अर्थ ही नहीं होगा। अतएव 'मैं' का अन्त ही बुद्धि-विवेक, 'विज़डम', तथा ध्यान का आरम्भ है।

और यह मन पूरी तरह से मौन, चुप होता है, आंशिक तौर पर नहीं। ऐसा है कि हम सदैव मन की शान्ति चाहा करते हैं। शान्ति मन में नहीं हुआ करती। शान्ति केवल तभी अस्तित्व में आती है, जब हिंसा पूरी तरह से गैरहाज़िर हो। यदि आप महत्त्वाकांक्षी हैं, तो हिंसा मौजूद होगी। ये सारे तथ्य हैं, इनकी पड़ताल करें। जब आप किसी समूह के हिस्से होते हैं, वह समूह धार्मिक हो, राष्ट्रीय हो या कुछ और हो, हिंसा मौजूद होती है। आपके जो सम्बन्ध हैं, उनमें भी हिंसा है। अतः अपने घर को व्यवस्थित करना उस मनुष्य का पहला दायित्व है, जो वस्तुतः गम्भीर है, और ध्यान क्या है इसकी तहकीकात को लेकर जिसकी प्रतिबद्धता है। जिसका आशय है कि उसके लिए एक स्वस्थ काया आवश्यक है, क्योंकि शारीरिक संरचना मन पर प्रभाव डालती है। यदि आपका शरीर भोंडा, भारी और अप्रशिक्षित है, तो आपके मन में भी ठहराव नहीं रह पाता। ये सब तथ्य हैं, सर, सामान्य तथ्य।

और तब हम यह अन्वेषण आरम्भ करते हैं कि धर्म क्या है, क्योंकि जो मन मुक्त है, उस शब्द के गहरे अर्थ में, वही धार्मिक मन है। उस धार्मिक मन के लिए समस्याएँ होतीं ही नहीं, आप समझ रहे हैं? आप समस्याओं से भरे पड़े हैं, सिर्फ अपने घर-परिवार में या जब आप दफ़्तर

में होते हैं तब सामने आने वाली समस्याएँ ही नहीं, बल्कि इस किस्म की समस्याएँ भी कि आपको इस शख्स को वोट देना चाहिए या उस शख्स को, वगैरह। आपके सामने समस्याओं का अम्बार है। समस्या का मतलब होता है कोई अनसुलझा मुद्दा। जैसे कि, यदि आप बचपन से आहत होते आये हैं—जैसा कि हममें से अधिकतर के साथ रहा है—तो अपने अन्दर लगा वह आघात, वह घाव आप बाकी सारी ज़िन्दगी ढोते रहते हैं, और वह एक भीषण समस्या बन जाता है क्योंकि उस आघात, उस चोट के साथ जारी रहता है भय, अलगाव, बचते रहना, अपने आप में सिकुड़ जाना, एवं और अधिक भय। तो यह एक समस्या है।

इसका तत्क्षण अन्त तभी हो पाता है, जब इसका प्रत्यक्ष बोध हो कि चोट किसे लगती है? वह क्या है जो आहत होता है? चोट उस छवि को लगती है, जिसे आपने अपने इर्द-गिर्द निर्मित किया है। और आप देख पाते हैं—जिस तरह आप इस समय देख रहे हैं जब यह वक्ता इसे स्पष्ट कर रहा है—कि जब तक आपकी कोई छवि है, श्रेष्ठ, अधम, उथली, मूर्ख, चाहे जैसी वह छवि हो, आप आहत होने ही वाले हैं। यह एक तथ्य है; और आप किसी अन्य के या स्वयं के बारे में कोई छवि इसलिए गढ़ा करते हैं क्योंकि आपको उस छवि में एक तरह की सुरक्षा दिखती है। आप उस छवि में सुरक्षा पाते हैं, जिसे विचार ने रचा-गढ़ा है; जिसका अभिप्राय है कि उस छवि में तनिक भी सुरक्षा नहीं है, परन्तु आप उसी की टेक लगाए रखते हैं। अब आपने इस वक्तव्य को सुना है; देखें, कि यह छवि विकृति है, और इसे सुनते हुए छवि का अन्त कर दें। यह सर्वोच्च प्रज्ञा का कर्म है। कोई मानसिक रूप से असन्तुलित व्यक्ति ही किसी खतरे को देख लेने पर भी उसमें मुब्तला होता है। एक स्वस्थचित्त मनुष्य, एक प्रज्ञाशील मनुष्य—जिस अर्थ में हम 'प्रज्ञा' शब्द का इस्तेमाल कर रहे हैं—उस खतरे को देखता है और तत्क्षण उस बारे में कुछ करता है।

तो हम पूछ रहे हैं, धर्म क्या है? मनुष्य हमेशा कुछ ऐसा खोजता रहा है जो इस जीवन से परे, समय से परे, समस्त परिमाण से, मापन

से परे हो। उसने इसे शाश्वतता, सत्य कहा है, कुछ ऐसा, जो अपरिमेय, अनाम है। और फिर ऐसे लोग भी होते आये हैं जो कहा करते हैं, ''मैं आपको वहाँ ले चलूँगा, मैं जानता हूँ और आप नहीं जानते।'' पुरातन दिनों से ऐसा होता आया है जब पुरोहित प्रमाण-पुरुष होने का स्वांग करता था : उसे मालूम है और जनसाधारण को मालूम नहीं है। प्राचीन मिस्रवासियों ने अपने पदानुक्रमिक पौरोहित्य के तहत यही किया था, और हम आज भी ठीक वही कर रहे हैं। हम उसे पाना चाहते हैं जो अनाम है, जिसके लिए कोई शब्द नहीं है, जिसका कोई रूपाकार नहीं, जो यह अखिल ब्रह्माण्ड है; और कोई आ धमकता है और कहने लगता है, ''मैं ले चलूँगा आपको वहाँ तक! मैं जानता हूँ, आप नहीं।'' तो उस आदमी से चौकस रहिए जो कह रहा है, ''मैं जानता हूँ।''

मनुष्य—वह मनुष्य जो संजीदा है; रूढ़िवादी मनुष्य नहीं—कुछ ऐसा ढूँढता आया है जो पावन है, पवित्र है। जो रूढ़िवादी है, वह हाथों से या मन से रची प्रतिमा की पूजा-अर्चना करता है; वह किन्हीं खास कर्मकांडों का पालन करता है, किसी खयाली, रोमानी निरर्थकता में आस्था-विश्वास रखता है। उसी को धर्म कह दिया जाता है, संगठन से, पद-परम्परा से, अधिसत्ता से ग्रस्त। तो उस सब को आप परे हटा देते हैं; इन चीज़ों की कोई वैधता, कोई सत्यता नहीं है, क्योंकि ये विचार की उपज हैं। विचार कह सकता है, ''उस परम से हमने इसे प्राप्त किया है'', लेकिन यह अब भी विचार का ही हिस्सा है। और विचार सीमित होता है, यह कभी भी पूर्ण नहीं होता, क्योंकि यह सदैव जानकारी का ही नतीजा होता है। और किसी भी वस्तु के बारे में जानकारी पूरी नहीं हुआ करती; इसलिए जानकारी को, ज्ञान को हमेशा अज्ञान के साये तले ही रहना होता है। अतः उस सब को आप एक ओर हटा सकते हैं।

इसका अर्थ है, आन्तरिक तौर पर पूरी स्वतन्त्रता। कानून का पालन न करने की स्वतन्त्रता नहीं—वह तो मूर्खता होगी—अपितु मन से सम्बन्धित किसी भी तरह की समस्या का न होना, जिसका आशय है कि आपने अथाह मानसिक ऊर्जा निर्मुक्त, 'रिलीज़' की है। आपमें शारीरिक ऊर्जा मौजूद है, जो व्यक्त होती है आपके हर रोज़ दफ्तर जाने में, वह ज़बर्दस्त ऊर्जा जो आपमें होती है जब आपको कोई पुल बनाना होता है, या शारीरिक तौर पर कुछ करना होता है। लेकिन मानसिक तौर पर आप अपंग-अशक्त हैं, क्योंकि आप कभी स्वयं के भीतर नहीं गये हैं, आपने कभी सवाल नहीं उठाये हैं, कभी अवलोकन नहीं किया है। और सभी समस्याओं से स्वतन्त्रता, अतएव मनोवैज्ञानिक तौर पर पूर्णतः स्वतन्त्रता का होना ज़रूरी है—स्वयं मानस की, 'साइकी' की संरचना में ही स्वतन्त्र होना।

मौन, 'साइलेंस' वह ऊर्जा है। मौन वह रिक्तता है—आपके मन की समस्त अन्तर्वस्तु का रिक्त होना, खाली होना। अब इसमें 'कैसे' का कोई सवाल नहीं है, इसकी कोई विधि नहीं है। कोई विधि, 'कैसे' की कोई व्याख्या, कैसी भी पद्धति-प्रणालियाँ, वे सभी विचार की ईजादें हैं; इसलिए वे सीमित हैं, अतएव किसी काम की नहीं हैं। किन्तु यदि आप इसे समझ लेते हैं, इस सत्य को देख पाते हैं कि कोई भी पद्धति मन को कभी मुक्त नहीं कर सकती, जब आप इसे देख लेते हैं और उस देखे गए को अमल में लाते हैं, तो स्वतन्त्रता तत्क्षण घटित होती है।

और धर्म है उसका अनावृत होना, प्रत्यक्ष होना जो पवित्रतम है, जिसका कोई नाम नहीं है, जो सम्पूर्ण सत्य है, जो समग्र का, जो कुछ भी है उस सब का उद्गम है, स्रोत है।

और यह अन्वेषण भी ज़रूरी है कि प्रेम क्या है? प्रेम सुख-मज़ा नहीं है, प्रेम इच्छा नहीं है। आपने यह सुना तो है—अब इस पर गौर करें, इसमें गहरे जाएँ, इसे देखें। जब आप इसके सत्य को देख पाते हैं, तो

अमित सौन्दर्य विद्यमान होता है । और जहाँ वह प्रेम होता है जिसे कभी ईर्ष्या का, निर्भरता का, आसक्ति का, उस प्रकार की तमाम चीज़ों का स्पर्श तक नहीं हुआ है, तो उस प्रेम और करुणा का प्राकट्य होता है जो कि प्रज्ञा, 'इन्टेलीजेंस' है । तब मन समस्त मापन से परे जा सकता है । वैज्ञानिक बाह्य विश्व की खोजबीन कर रहे हैं; खगोलविज्ञानी दूरबीनों द्वारा, अन्तरिक्ष में भेजे जा रहे विविध उपकरणों के माध्यम से, विचार तथा मापन के माध्यम से, सितारों के अनवरत अवलोकन के ज़रिये इस सभी कुछ का, समग्र विश्व के उद्गम का पता लगाने के जतन में लगे हैं अर्थात वे बाहर की ओर, इस अपार अन्तरिक्ष में जा रहे हैं, अनुसंधान में लगे हैं । किन्तु मनुष्य अपने अन्तस् में, भीतर के जगत में, विरले ही कभी पैठा है । और वहाँ उसे एक विराट, अपरिमेय विश्व का साक्षात्कार हो सकता है, जो कि यही विश्व है । इसके लिए, आपके मानस में अपार आकाश का, 'स्पेस' का होना आवश्यक है ।

यह सारा-का-सारा ध्यान ही है : पहले, इस घर में, स्वयं में, व्यवस्था लाना, सम्पूर्ण व्यवस्था, ताकि कोई द्वन्द्व नहीं हो, कोई मापन नहीं हो । और यहाँ, इस घर में, प्रेम की विद्यमानता होती है । तब इस मन की अन्तर्वस्तु को, जो कि इसकी चेतना है, उसे 'मैं' से, 'स्व' से, 'तुम' से पूरी तरह रिक्त किया जा सकता है । और यदि आप इतनी दूर तक जा चुके हैं, यह मन तब हो जाता है—नहीं, यह कुछ हो नहीं जाता, होने-बनने जैसा कुछ होता नहीं है : कुछ बनना तो अभी भी मापन की ही प्रक्रिया हुई—यह मन तब समग्रतः, पूरी तरह से मौन है, खामोश; कुछ अवधि अथवा किसी नियत कालखंड के लिए नहीं, अपितु मौन रहना इस मन की स्थिति, इसका स्वभाव होता है । और इस मौन, इस खामोशी में से ही यह मन विचार को जवाब दे सकता है तथा विचार का उपयोग कर सकता है, किन्तु होता यह हमेशा उस कुल खामोशी की स्थिति में है, अपनी समस्त अन्तर्वस्तु से रिक्त, खाली । और अगर आप उतनी दूर जा पाये हैं, तो आप जान ही जाएँगे । तब, उसकी उपस्थिति होती है, जो अनंत है, अनाम है ।

16 नवंबर, 1980

कृष्णमूर्ति : परिचय और परिप्रेक्ष्य

जिड्डू कृष्णमूर्ति का जन्म मई 1895 में आन्ध्र प्रदेश के मदनपल्ली में हुआ। जिड्डू इनका पारिवारिक नाम था। परिवार में आठवीं सन्तान होने तथा कृष्ण के प्रति श्रद्धाभाव के कारण ये कृष्णमूर्ति कहे गये। उनकी माता का देहान्त 1905 में हो गया। उनके पिता रिटायर्ड सिविल कर्मचारी थे, साथ ही पुराने थियोसॉफिस्ट थे। उन्होंने 1908 में थियोसॉफिकल सोसाइटी, मद्रास को अपनी सेवाएँ अर्पित करनी चाहीं। उनका प्रस्ताव स्वीकार कर लिया गया और वे अगले वर्ष, अपने चार पुत्रों को लेकर मद्रास में अड्यार स्थित थियोसॉफिकल सोसाइटी के परिसर में रहने के लिये गये। श्री सी. डब्ल्यू. लीडबीटर भी वहीं रहते थे। वे थियोसॉफिकल सोसाइटी के प्रमुख व्यक्तियों में थे। शीघ्र ही उन्होंने, तथा बाद में थियोसॉफिकल सोसाइटी की अध्यक्ष श्रीमती एनी बेसेन्ट ने कृष्णमूर्ति को लक्ष्य किया। श्रीमती बेसेन्ट ने श्री लीडबीटर के समान ही यह स्वीकार किया कि निश्चय ही बालक का भविष्य महान आध्यात्मिक शिक्षक के रूप में है। श्रीमती बेसेन्ट ने, पिता की सहमति से, बालक को अपनी देखभाल में ले लिया और उसके पालन पोषण और शिक्षा की व्यवस्था कर दी।

जनवरी 1911 में अड्यार में कृष्णमूर्ति की अध्यक्षता में 'आर्डर ऑव द स्टार इन द ईस्ट' की स्थापना हुई। यह ऐसा संगठन था जिसके सदस्य स्वयं को, साथ ही साथ विश्व को, विश्व-शिक्षक के आगमन के लिए तैयार करने के प्रति समर्पित थे। 'स्टार इन द ईस्ट' के सदस्यों का दृढ़ विश्वास

था कि कृष्णमूर्ति ही ऐसे माध्यम हैं, जिन्हें मैत्रेय बुद्ध ने अपने आगामी प्रादुर्भव के लिए चुना है।

कृष्णमूर्ति को व्यक्तिगत रूप से शिक्षित करने और विश्व-शिक्षक के रूप में आने वाली भूमिका के लिए प्रशिक्षित करने हेतु उनके छोटे भाई नित्यानन्द के साथ 1911 में इंग्लैण्ड भेजा गया। इन्हें सभी दूषित प्रभावों से दूर रखा गया। 1914-18 के युद्धकाल में वे इंग्लैंड में ही रहे। 1921 के शीतकाल में श्रीमती बेसेन्ट उन्हें वापस अड्यार लायीं और उसी समय से सार्वजनिक वक्ता के रूप में उनके कठोर जीवन का आरम्भ हुआ। अगस्त 1922 में जब कि वह केलिफोर्निया में लॉस एंजेल्स से लगभग सात मील दूर, मनोरम ओहाइ घाटी में थे, उस समय उन्हें गहरी आन्तरिक अनुभूति हुई, जिससे उन्हें पहली बार अपने मिशन का निश्चय हुआ।

लगभग 1926 से ही कृष्णमूर्ति के अनेक अनुयायियों को यह जान कर बेचैनी थी कि कृष्णमूर्ति के लिए जो ढाँचा बनाया गया था, वह उसमें 'फिट' होने वाले नहीं। वे अनुयायी उनके लिए मर-मिटने को तैयार थे, पर वे इस बात को सुनने के लिए तैयार नहीं थे कि उन्हें बताया जाए कि वह अपने आप सोचें और किसी बाहरी सत्ता के, भले ही वह कोई भी हो, आज्ञाकारी न बनें। अतः 18 वर्ष बाद ओमेन स्टार कैम्प में 3 अगस्त, 1929 को जब उन्होंने 'ऑर्डर ऑव द स्टार' को भंग कर दिया तो यह हज़ारों लोगों के लिए भारी आघात था। उस अवसर पर कृष्णमूर्ति ने यह वक्तव्य दिया :

मैं यह मानता हूँ कि सत्य एक मार्गरहित भूमि है, और आप किसी भी मार्ग द्वारा, किसी भी धर्म या सम्प्रदाय के ज़रिये उस तक नहीं पहुँच सकते। यह मेरा दृष्टिकोण है और मैं इस पर निपट रूप से, बिना किसी शर्त के अडिग हूँ... अगर आप यह समझ लेते हैं तो आपको पता चलेगा कि किसी विश्वास को संगठित कर पाना कितना कठिन है। विश्वास एक नितांत व्यक्तिगत मामला है, और आप इसे संगठित नहीं कर सकते

और आपको ऐसा करना भी नहीं चाहिए। अगर आप ऐसा करते हैं तो यह जड़ हो जाता है, मृत, यह एक मत, सम्प्रदाय या धर्म में तब्दील हो जाता है जिसे दूसरों पर थोपा जा सके। सारे संसार में हर व्यक्ति यही करने की कोशिश कर रहा है। सत्य को संकीर्ण बना दिया जाता है और जो कमज़ोर हैं, क्षणिक तौर पर असन्तुष्ट हैं, उन्हें खिलौने की तरह उसे पकड़ा दिया जाता है। सत्य को नीचे नहीं लाया जा सकता, बल्कि व्यक्ति को उस तक स्वयं पहुँचने का प्रयास करना पड़ता है। पर्वत की चोटी को आप घाटी में नहीं उतार सकते... तो मेरी दृष्टि में यह पहला कारण है कि 'ऑर्डर ऑव द स्टार' को क्यों भंग किया जाना चाहिए। इसके बावजूद सम्भव है कि आप अन्य किसी 'ऑर्डर' का निर्माण कर लें, सत्य की खोज में लगे अन्य संगठनों से आप जुड़े रहें। आध्यात्मिक किस्म के किसी संगठन से मैं जुड़ना नहीं चाहता, कृपया इसे समझ लें...

अगर किसी ऐसे उद्देश्य के लिए संगठन का निर्माण किया जाता है तो वह एक बैसाखी, कमज़ोरी या बन्धन बन जाता है और वह व्यक्ति को अपंग बना देता है, उसे विकसित होने से, उसकी अद्वितीयता को खिलने से रोक देता है। यह अद्वितीयता है स्वयं ही उस परम, अप्रतिबंधित सत्य की खोज करना। 'ऑर्डर' का प्रमुख होने के नाते इसे भंग करने के मेरे निर्णय का यह दूसरा कारण है।

यह कोई बहुत बड़ा काम नहीं है। यह सीधी-सी बात है कि मैं अनुयायी नहीं चाहता—और मुझे पता है मैं क्या कह रहा हूँ। जैसे ही आप किसी का अनुकरण करने लगते हैं, सत्य से आपका नाता टूट जाता है। मुझे इससे सरोकार नहीं है कि मैं जो कह रहा हूँ उसकी ओर आप ध्यान देते हैं या नहीं। मैं इस दुनिया में एक विशेष कार्य करना चाहता हूँ और मैं इसे अडिग एकाग्रता के साथ करने जा रहा हूँ। मैं अपने आप को सिर्फ एक अत्यावश्यक चीज़ से जोड़ रहा हूँ, और वह है मनुष्य को मुक्त करना। मैं उसे सारे पिंजरों से मुक्त कर देना चाहता हूँ, सभी प्रकार के भय से,

ताकि वह अलग-अलग धर्मों, सम्प्रदायों, सिद्धान्तों और दर्शनशास्त्रों की खोज में न लगा रहे। तब आप मुझसे स्वाभाविक रूप से पूछेंगे कि क्यों मैं लगातार बोलता हुआ सारी दुनिया का चक्कर लगाता हूँ। मैं आपको बताऊँगा किस कारण से मैं ऐसा करता हूँ—इसलिए नहीं कि मैं अनुयायी चाहता हूँ, या कुछ विशेष शिष्यों का एक विशेष समूह। न तो इस धरती पर और न अध्यात्म के क्षेत्र में, मेरा न कोई शिष्य है और न ही धर्मदूत। न तो मुझे धन का प्रलोभन है और न ही एक आरामदायक ज़िन्दगी जीने की इच्छा का आकर्षण है। मैं साफ-साफ बोल रहा हूँ ताकि चीज़ें हमेशा के लिए स्पष्ट हो जाएँ। मैं नहीं चाहता कि इन बचकानी चर्चाओं को बार-बार दोहराया जाए।

मेरा साक्षात्कार लेने वाले एक पत्रकार ने इसे एक बड़ा शानदार कार्य बताया : एक ऐसे संगठन को भंग कर देना, जिसमें हज़ारों-हज़ार सदस्य हों। उसके अनुसार यह एक महान काम था, क्योंकि उसने कहा—'इसके बाद आप क्या करेंगे, कैसे जिएँगे? आपके कोई अनुयायी नहीं होंगे, लोग आपको सुनेंगे नहीं।' लेकिन अगर पाँच लोग भी हों जो वास्तव में सुनें, जिएँ, सत्य की ओर अभिमुख हों तो मैं समझता हूँ काफी है। ऐसे हज़ारों लोगों से क्या फायदा जो समझते नहीं हैं, जो पूरी तरह पूर्वाग्रहों से लिपटे हुए हैं, जो नये की इच्छा नहीं रखते बल्कि नये को ही अपने प्राणविहीन और जड़ अहं के अनुसार बदल लिया करते हैं!...

आप अट्ठारह वर्षों से विश्वशिक्षक के आगमन की तैयारी कर रहे हैं। अट्ठारह वर्षों से आप संगठन का कार्य करते आये हैं और किसी ऐसे व्यक्ति का इंतज़ार जो आपके दिलो-दिमाग को एक नयी खुशी से भर दे, जो आपकी समूची ज़िन्दगी को बदल दे, जो आपको एक नयी समझ दे दे, जो आपको जीवन के एक नये स्तर तक उठा दे, और जो आपको मुक्त कर दे—किन्तु देखिए हो क्या रहा है? सोचिए, अपने आप से तर्क करिए और पता लगाइए कि उस विश्वास ने आपको किस तरह वास्तव में बदला है—'बैज' लगा लेने भर का सतही, तुच्छ और अर्थहीन

बदलाव नहीं। बल्कि आपको देखना है कि क्या उस विश्वास ने आपके जीवन में से अर्थहीन और अनावश्यक चीज़ों को बाहर निकाल फेंका है? बस यही एक तरीका है पता लगाने का : किस हद तक आप मुक्त हैं, मिथ्या एवं अनावश्यक चीज़ों पर आधारित प्रत्येक समाज के लिए आप किस हद तक खतरनाक हैं? किस तरह से 'स्टार' संगठन के सदस्य औरों से भिन्न हैं?...

आप टाइपराइटर का इस्तेमाल चिट्ठियाँ लिखने के लिए करते हैं, उसे आप वेदी पर रख कर पूजते नहीं। लेकिन जब संगठन आपके मुख्य सरोकार बन जाते हैं तब आप यही करने लगते हैं। सभी अखबारों के संवाददाता मुझसे पहला सवाल यही करते हैं कि आपके संगठन में कितने सदस्य हैं। मुझे नहीं पता कितने हैं और मुझे उससे कुछ लेना-देना भी नहीं है...आप इसके आदी हो चुके हैं कि आपको बताया जाए कि आपकी कितनी तरक्की हुई है; आपका आध्यात्मिक ओहदा क्या है? यह सब कितना बचकाना है! आपके अलावा और कौन बता सकता है कि आप निष्कलुष हैं या नहीं? लेकिन वे लोग जो वास्तव में गहराई से समझना चाहते हैं, जो आदि-अन्त से परे शाश्वत की खोज में हैं, वे बड़ी मात्रा में ऊर्जा लिए हुए एक साथ चलेंगे और हर ऐसी चीज़ के लिए खतरा बन जाएँगे जो अनावश्यक, मिथ्या और असत्य है...एक ऐसा समूह हमें अवश्य बनाना चाहिए, और वही मेरा उद्देश्य है। उस सच्ची मैत्री के कारण, जिसका आपको शायद पता नहीं है, हर व्यक्ति वास्तविक सहयोग की भूमिका में होगा। और यह किसी सत्ता या मोक्ष की मान्यता के कारण नहीं होगा, किसी सिद्धान्त की रक्षा के लिए यज्ञ में आहुति देनी है इसलिए भी नहीं, बल्कि इसीलिए होगा कि आप गहराई से समझ रहे हैं, और शाश्वत में जीने के काबिल हैं। सारे सुख-भोग और हर बलिदान से यह कहीं अधिक महान चीज़ है।

तो ये कुछ कारण हैं जिन पर दो साल तक सावधानीपूर्वक सोच-विचार के बाद मैंने यह निर्णय लिया है। यह क्षणिक आवेश में

नहीं हुआ है। मुझे इसके लिए किसी ने प्रेरित नहीं किया है, और मुझे कोई प्रेरित कर भी नहीं सकता। दो सालों से मैं इस पर सावधानी से, धैर्य से विचार करता आया हूँ और अब मैंने 'ऑर्डर' को भंग करने का निश्चय किया है। आप और संगठनों का निर्माण कर सकते हैं, किसी और से उम्मीद बाँध सकते हैं। मुझे उससे कोई सरोकार नहीं है; नये पिंजरों के निर्माण से, उनकी नयी सजावटों से मेरा कोई वास्ता नहीं है। मेरा केवल एक ही सरोकार है—मनुष्य को पूर्णतया, बिना किसी शर्त के स्वतन्त्र कर देना।

इसके उपरांत कृष्णमूर्ति ने गुरु कहलाने से, जो विशेषण उन पर प्रायः आरोपित किया जाता रहा, आग्रहपूर्वक इनकार किया। पूरे विश्व में एक विशाल श्रोता वर्ग उनकी ओर आकर्षित होता रहा, किन्तु कृष्णमूर्ति ने कभी सत्ता-प्रामाण्य का दावा नहीं किया, शिष्य नहीं चाहे। वह समूह से नहीं, सीधे व्यक्ति से बात कर रहे थे, वह भी मित्र की तरह।

मेरी लट्यंस जब कृष्णमूर्ति की जीवनी लिख रही थीं, तो उन्होंने 'कृष्णमूर्ति की शिक्षाओं का क्रान्तिकारी सार' शीर्षक से एक संक्षिप्त वक्तव्य तैयार किया था, जिसे उन्होंने अनुमोदन के लिए कृष्णमूर्ति को भेजा। कृष्णमूर्ति ने उस वक्तव्य को पुनः, नये सिरे से लिखा :

कृष्णमूर्ति की शिक्षा का सार 1929 में दिये गये उस वक्तव्य में निहित है जब उन्होंने कहा था कि 'सत्य एक मार्गरहित भूमि है।' मनुष्य किसी भी संगठन, पंथ, धार्मिक मत, पुरोहित या कर्मकाण्ड के माध्यम से, या किसी दार्शनिक ज्ञान और मनोवैज्ञानिक प्रक्रिया के द्वारा उस तक नहीं पहुँच सकता है। सत्य को खोजने के लिए सम्बन्धों के दर्पण में देखना होगा, अपने ही मन की वस्तुओं को समझना होगा, अवलोकन करना होगा। बौद्धिक विश्लेषण या आत्म-विश्लेषण पर आधारित चीरफाड़ से सत्य कभी हासिल नहीं होगा। धार्मिक, राजनीतिक और व्यक्तिगत सुरक्षा के तौर पर मनुष्य ने अपने भीतर छवियों, प्रतिमाओं का निर्माण किया है। ये छवियाँ प्रतीकों, विचारों एवं धारणाओं के रूप में व्यक्त होती

हैं। इन सबके बोझ तले मनुष्य की सोच, मनुष्य के रिश्ते और उसका दैनिक जीवन दबा रहता है। हमारी समस्याओं के मूल में यही है, क्योंकि इन्हीं की वजह से मनुष्य हर सम्बन्ध में बँटा हुआ है। जीवन के बारे में उसकी समझ उन धारणाओं से निर्धारित होती है, जो उसके मन में पहले से ही जड़ें जमाए बैठी हैं। उसकी चेतना की सामग्री ही यह चेतना है। यह सामग्री समस्त मानवता में एकसमान है। नाम, रूप और अपने वातावरण से ग्रहण की गयी सतही संस्कृति ही उसकी वैयक्तिकता है। व्यक्ति का अनूठापन सतही चीजों में नहीं है, बल्कि चेतना की अन्तर्वस्तु से पूर्णतया मुक्त होने में है।

स्वतन्त्रता प्रतिक्रिया नहीं है और न ही चुनाव है। मनुष्य यह दिखावा करता है कि वह स्वतन्त्र है, क्योंकि वह चुनाव कर सकता है। स्वतन्त्रता तो ऐसा विशुद्ध अवलोकन है जहाँ कोई दिशा नहीं है, दंड और पुरस्कार का भय नहीं है। स्वतन्त्रता में कोई ध्येय नहीं है; मनुष्य के विकासक्रम के आखिरी चरण में आने वाली यह चीज़ नहीं है, बल्कि पहले चरण में ही है। अवलोकन से यह पता लगना आरम्भ होता है कि हम मुक्त नहीं हैं। हमारे दैनिक जीवन की निर्विकल्प, चुनावरहित सजगता में ही स्वतन्त्रता प्राप्य है।

विचार समय है। विचार का जन्म होता है अनुभव से, जानकारी से, जो समय से अभिन्न हैं। समय मनुष्य का मानसिक, 'साइकोलॉजिकल' शत्रु है। हमारे कर्म जानकारी पर और इस प्रकार समय पर आधारित होते हैं, इसलिए मनुष्य सदा अतीत का दास बना रहता है।

व्यक्ति जब अपनी चेतना की गतिविधि के प्रति सजग होता है तो उसे विचारक और विचार, अवलोकनकर्ता और अवलोकित वस्तु, अनुभवकर्ता और अनुभव के बीच के विभाजन का पता चलता है। उसे यह पता चलेगा कि ऐसा विभाजन एक भ्रान्ति है।...इसके पश्चात ही विशुद्ध अवलोकन सम्भव होगा जो कि अन्तर्दृष्टि है, जहाँ अतीत की कोई छाया नहीं है। यह समयातीत अन्तर्दृष्टि मन में एक गहन, बुनियादी परिवर्तन लाती है।

पूर्ण निषेध ही सृजन का सार है। उन सभी वस्तुओं का निषेध होने पर ही जो कि प्रेम नहीं है—जैसे कामना, सुख,—प्रेम अपनी करुणा और प्रज्ञा के साथ अस्तित्व में आता है।

कृष्णमूर्ति काफी आयु के हो जाने पर भी एक स्थान पर कुछ महीनों से अधिक नहीं ठहरे, और उन्होंने स्वयं को किसी देश विशेष, राष्ट्रीयता या संस्कृति का नहीं माना। कृष्णमूर्ति मनुष्य को बिना शर्त स्वतन्त्र करने के स्वीकृत निश्चय से नहीं हटे। उन्होंने कहा, ''हम ही विश्व हैं और हम स्वयं में गड़बड़ी के कारणों का पता लगाएँगे। हमने स्वयं लोभ, स्वार्थपरता, राष्ट्रवाद, स्पर्द्धा, असहिष्णुता तथा सभी प्रकार की स्वार्थपरता को उत्पन्न किया है।'' उन्होंने सांत्वनादायक कुछ नहीं कहा; वह हमारे लिए जो दर्पण पकड़े हुए थे, उसमें हम नितान्त स्पष्टता के साथ स्वयं को देख सकते थे जो हो सकता है, हमारे लिए सुखप्रद न हो। उनकी शिक्षाओं के केन्द्र में इस सत्य का बोध है कि इस समाज में कोई भी आधारभूत परिवर्तन केवल वैयक्तिक चेतना के रूपान्तरण द्वारा ही लाया जा सकता है। धार्मिक और राष्ट्रवादी संस्कारों द्वारा मनुष्य को सीमित तथा विभाजित करने वाले प्रभावों को ठीक से समझ लेने की आवश्यकता पर उन्होंने निरन्तर ज़ोर दिया। कृष्णमूर्ति ने एक खुलेपन की, परिधियों से स्वातंत्र्य की बात हमेशा उठाई—''मस्तिष्क में वह विराट अवकाश, जिसमें वह अकल्पनीय ऊर्जा है।'' ऐसा प्रतीत होता है कि यही उनकी सृजनात्मकता का अक्षय स्रोत भी था और विश्व के विभिन्न स्थानों के, इतनी विस्तीर्ण विविधता लिए लोगों के जीवन की दिशा बदल देने वाले उनके शब्दों के, उनकी उपस्थिति के गहन अमुखर प्रभाव की कुंजी भी इसीमें छिपी है।

1986 ई. में नब्बे वर्ष की आयु में अपनी मृत्यु तक कृष्णमूर्ति पूरे विश्व में विभिन्न स्थानों पर अपनी बात कहते रहे। उनकी वार्ताएँ व संवाद, दैनंदिनियाँ व पत्र साठ से अधिक पुस्तकों में संग्रहीत हैं।

❑❑❑

अनुवाद-संदर्भ

अनुवाद में पूरी सावधानी बरतने के बाद भी इसमें कुछ त्रुटियाँ रह सकती हैं; इसे बेहतर बनाने की गुंजाइश तो हमेशा बनी रहती है। इस सम्बन्ध में किसी भी आलोचना या सुझाव का हम स्वागत करेंगे और आगामी संस्करणों में अपेक्षित परिवर्तन किये जा सकेंगे। आपकी बहुमूल्य टिप्पणियों की हमें प्रतीक्षा रहेगी।

—अनुवादकगण

पत्र-व्यवहार का पता :

अनुवाद एवम् प्रकाशन प्रकोष्ठ
कृष्णमूर्ति स्टडी सेंटर, के.एफ.आई.
राजघाट फोर्ट, वाराणसी-221 001
E-mail : tpcrajghat@gmail.com

'The First and Last Freedom' का हिन्दी अनुवाद

प्रथम और अंतिम मुक्ति
जे. कृष्णमूर्ति

'प्रथम और अंतिम मुक्ति' में हमें जिड्डू कृष्णमूर्ति की अंतर्दृष्टियों का व्यापक परिचय एवम् उनमें सहभागिता का निमंत्रण प्राप्त होता है। कृष्णमूर्ति की शिक्षाओं के विविध सरोकारों का समावेश किसी एक पुस्तक में उपलब्ध हो, विश्व के विभिन्न भागों से उठ रही इस मांग पर एक ब्रिटिश प्रकाशक ने 'द फर्स्ट एंड लास्ट फ्रीडम' 1954 में प्रकाशित की थी। ऑल्डस हक्सले ने इसके विशद प्राक्कथन में 'नेति नेति' का स्मरण दिलाती मीमांसा की थी कि कृष्णमूर्ति हमें क्या नहीं दे रहे हैं। आज भी यह पुस्तक कृष्णमूर्ति की सर्वाधिक पढ़ी जाने वाली पुस्तकों में से एक है।

सभी प्रमुख पुस्तक विक्रेताओं पर उपलब्ध या
इस वेबसाइट से मंगवाएं
www.rajpalpublishing.com

'On God' का हिन्दी अनुवाद

ईश्वर क्या है?
जे. कृष्णमूर्ति

'ईश्वर क्या है?' जे. कृष्णमूर्ति की वार्ताओं तथा लेखन से संकलित की गई विविध विषयों पर आधारित पुस्तकों में से एक है। यह पुस्तक उस पावन, उस नामरहित के लिए हमारी ख़ोज को केंद्र में रखती है। जे. कृष्णमूर्ति उस 'अविज्ञेय' को जानकारी के क्षेत्र में लाने के प्रयासों पर प्रश्नचिह्न लगाते हुए उनके नाकाफीपन का व्यापक विवेचन करते हैं तथा यह स्पष्ट करते हैं कि जब हम अपनी वैचारिकता के माध्यम से खोजना बंद कर दें, केवल तभी हम यथार्थ, सत्य अथवा आनंद की अनुभूति के लिए, 'आधारभूत रूप से मुक्त' हो पाते हैं। कृष्णमूर्ति बताते हैं कि 'धार्मिक मन' वह है, जो उस पावन का प्रत्यक्ष बोध कर रहा हो, न कि वह, जो धार्मिक मत–सिद्धांतों का दास हो।

सभी प्रमुख पुस्तक विक्रेताओं पर उपलब्ध या
इस वेबसाइट से मंगवाएं
www.rajpalpublishing.com

'Talks with Students-1954' का हिन्दी अनुवाद

शिक्षा क्या है?
जे. कृष्णमूर्ति

'शिक्षा क्या है?' में जीवन से संबंधित युवा मन के पूछे–अनपूछे प्रश्न हैं और जे. कृष्णमूर्ति की चिरयुवा दृष्टि इन प्रश्नों को मानो भीतर से आलोकित कर देती है। ये प्रश्न मन के बारे में हैं, जीवन के बारे में हैं, विविध हैं, किंतु सब एक दूसरे से जुड़े हैं।

''मन सिर्फ एक सतही हलचल नहीं है। गंगा बस उतनी नहीं है, जो ऊपर–ऊपर हमें नज़र आती है। गंगा तो पूरी की पूरी नदी है, शुरू से आखिर तक; जहां से इसका उद्गम होता है, उस जगह से वहां तक, जहां यह सागर से एक हो जाती है। सिर्फ सतह पर जो पानी दीख रहा है, वही गंगा है, यह सोचना तो नासमझी होगी। ठीक इसी तरह से हमारे होने में भी कई चीज़ें शामिल हैं...''

सभी प्रमुख पुस्तक विक्रेताओं पर उपलब्ध या
इस वेबसाइट से मंगवाएं
www.rajpalpublishing.com

'Meditations' का हिन्दी अनुवाद

ध्यान
जे. कृष्णमूर्ति

''ध्यान एकाग्रता नहीं है। एकाग्रता का अर्थ है बहिष्कार, प्रतिरोध, और इसलिए एक संघर्ष। एक ध्यानपूर्ण मन एकाग्र हो सकता है––तब यह बहिष्कार और प्रतिरोध नहीं है...''

अप्रतिम शिक्षक जे. कृष्णमूर्ति की वार्ताओं तथा लेखन से संकलित संक्षिप्त उद्धरणों का यह क्लासिक संग्रह ध्यान के संदर्भ में उनकी शिक्षा का सार प्रस्तुत करता है––अवधान की, होश की वह अवस्था जो विचार से परे है, जो समस्त द्वंद्व, भय व दुःख से पूर्णतः मुक्ति लाती है जिनसे मनुष्य–चेतना की अंतर्वस्तु निर्मित है।

सभी प्रमुख पुस्तक विक्रेताओं पर उपलब्ध या
इस वेबसाइट से मंगवाएं
www.rajpalpublishing.com

'The Network of Thought' का हिन्दी अनुवाद

सोच क्या है?
जे. कृष्णमूर्ति

1981 में ज़ानेन, स्विट्ज़रलैंड तथा एम्स्टर्डम में आयोजित इन वार्ताओं में जे. कृष्णमूर्ति मनुष्य मन की संस्कारबद्धता को कम्प्यूटर की 'प्रोग्रामिंग' की मानिंद बताते हैं। परिवार, सामाजिक परिवेश तथा शिक्षा के परिणाम के तौर पर मस्तिष्क की यह 'प्रोग्रामिंग' ही व्यक्ति का तादात्म्य किसी धर्म विशेष से करवाती है, या उसे नास्तिक बनाती है; इसी की वजह से व्यक्ति राजनीतिक पक्षसमर्थन के विभाजनों में से किसी एक को अपनाता है। कृष्णमूर्ति का कहना है कि स्वतंत्रता का, मुक्ति का तात्पर्य है व्यक्ति के मस्तिष्क पर आरोपित इस नियोजन से, इस 'प्रोग्रामिंग' से मुक्त होना। इसके मायने हैं अपनी सोच का विशुद्ध अवलोकन, अर्थात निर्विचार अवलोकन––सोच की दखलंदाज़ी के बिना देखना। विचार के ताने–बाने को उजागर करती स्वतःस्फूर्त वार्ताएं...

सभी प्रमुख पुस्तक विक्रेताओं पर उपलब्ध या
इस वेबसाइट से मंगवाएं
www.rajpalpublishing.com

जीवन और मृत्यु
जे. कृष्णमूर्ति

मृत्यु के बाद क्या होता है, इससे कही अधिक सार्थकता एवं प्रासंगिकता इस तथ्य की है कि मृत्यु से पहले के तमाम वर्ष हमने कैसे जिये हैं। मन–मस्तिष्क में समाये अतीत के समस्त संग्रहों, दुख–सुख के अनुभवों, छवियों, घावों, आशाओं–निराशाओं और कुंठाओं के प्रति पूर्ण रूप से मरे बगैर हम जीवन को कभी ताज़ी–नूतन आँखों से नहीं देख सकते। मरना कोई दूर भविष्य में होने वाली डरावनी घटना न होकर इस क्षण होने वाली नवीनीकरण की प्रक्रिया है। जीवन और मृत्यु की विभाजक रेखा को ध्वस्त करती यह थीमबुक जे. कृष्णमूर्ति के सारगर्भित वचनों का एक अपूर्व संकलन है।

सभी प्रमुख पुस्तक विक्रेताओं पर उपलब्ध या
इस वेबसाइट से मंगवाएं
www.rajpalpublishing.com

'On Relationship' का हिन्दी अनुवाद

ये रिश्ते क्या हैं?
जे. कृष्णमूर्ति

हमारा हर उस शख्स से, हर उस शै से क्या रिश्ता है जो हमारे जीवन में है? क्या हमारे रिश्तों में ये द्वंद्व कभी ख़त्म न होंगे? तमाम तरह की स्मृतियों व अपेक्षाओं पर आधारित ये संबंध कितने आधे–अधूरे से हैं, और वर्तमान की जीवंतता से प्रायः अपरिचित, छवियों व पूर्वाग्रहों में कैद इन्हीं रिश्तों में हम सुकून तलाशते हैं। आखिर सही रिश्ता, सम्यक् संबंध है क्या?

'ये रिश्ते क्या हैं' पुस्तक जे. कृष्णमूर्ति द्वारा विभिन्न स्थानों पर दी गयी वार्ताओं का एवं उनके द्वारा रचित लेखों का सदा–प्रासंगिक संकलन है।

सभी प्रमुख पुस्तक विक्रेताओं पर उपलब्ध या
इस वेबसाइट से मंगवाएं
www.rajpalpublishing.com

'On Love and Loneliness' का हिन्दी अनुवाद

प्रेम क्या है?
अकेलापन क्या है?
जे. कृष्णमूर्ति

जिसे हम प्रेम कहते–समझते हैं, क्या वह सच में प्रेम है? क्या अकेलेपन की वास्तविक प्रकृति वही है जिसका अनुमान हमें डराता है और हम उससे दूर भागते रहते हैं, और इस कारण जीवन में कभी भी उस एहसास से हमारी सीधे–सीधे मुलाकात नहीं हो पाती?

दैनिक जीवन के निकष पर इन दो सर्वाधिक आवृत प्रतीतियों के अनावरण का सफर है : 'प्रेम क्या है? अकेलापन क्या है?' जे. कृष्णमूर्ति के शब्दों में अधिष्ठित निःशब्द से रहस्यों के धुँधलके सहज ही छँटते चलते हैं, और जीवन की उजास में उसकी स्पष्टता सुव्यक्त होती जाती है।

सभी प्रमुख पुस्तक विक्रेताओं पर उपलब्ध या
इस वेबसाइट से मंगवाएं
www.rajpalpublishing.com

'On Freedom' का हिन्दी अनुवाद

आज़ादी की खोज
जे. कृष्णमूर्ति

आज़ादी इनसान का सबसे बड़ा सपना रही है। लेकिन आज़ादी के मायने क्या हैं? आज़ादी और ज़िम्मेदारी का सह–संबंध क्या है? जो कुछ हमने जाना है, अनुभव किया है, जो धारणाएं हमने सँजो रखी हैं, जो शास्त्र–प्रमाण हमने अपने भीतर गढ़ लिए हैं, क्या उस सबसे आज़ाद हुए बिना सृजन संभव है?

'आज़ादी की खोज' इन्हीं प्रश्नों की व्यापक विमर्श–यात्रा है। जे. कृष्णमूर्ति आज़ादी की अर्थवत्ता को नए आयाम देते हैं, और उसे हमारे दैनिक जीवन से जोड़ देते हैं। तब यह यात्रा केवल बुद्धिविलास बन कर नहीं रह जाती, प्रायोगिक धर्म बन जाती है जिसे हर कदम पर आज़माया जा सकता है, आज़माया जाना चाहिए।

सभी प्रमुख पुस्तक विक्रेताओं पर उपलब्ध या
इस वेबसाइट से मंगवाएं
www.rajpalpublishing.com

'What are You Doing with Your Life?'
का हिन्दी अनुवाद

आपको अपने जीवन
में क्या करना है ?
जे. कृष्णमूर्ति

'आपको अपने जीवन में क्या करना है?' कृष्णमूर्ति की विभिन्न पुस्तकों से संकलित अपने प्रकार का पहला संग्रह है, जिसमें विशेषकर युवावर्ग को शिक्षा तथा जीवन के विषय में कृष्णमूर्ति की विशद दृष्टि का व्यवस्थित एवम् क्रमबद्ध परिचय प्राप्त होता है।

विश्व के विभिन्न भागों में कृष्णमूर्ति जब युवावर्ग को संबोधित करते थे, उनसे वार्तालाप करते थे, तो वह उन्हें कोई फलसफा नहीं सिखा रहे होते थे, वह तो जीवन को सीधे–सीधे देख पाने की कला के बारे में चर्चा कर रहे होते थे––और वह उनसे बात करते थे एक मित्र की तरह, किसी गुरु या किन्हीं मसलों के विशेषज्ञ के तौर पर नहीं।

सभी प्रमुख पुस्तक विक्रेताओं पर उपलब्ध या
इस वेबसाइट से मंगवाएं
www.rajpalpublishing.com

'Truth and Actuality' का हिन्दी अनुवाद

सत्य और यथार्थ
जे. कृष्णमूर्ति

''...चेतना में उत्परिवर्तन, 'म्यूटेशन', समय का अंत है, जो कि उस मैं का अंत है जिसका निर्माण समय के ज़रिये किया गया है। क्या यह उत्परिवर्तन वस्तुतः घटित हो सकता है? या फिर, यह भी अन्य सिद्धांतों की भांति एक सिद्धांत मात्र है? क्या कोई मनुष्य या आप, सचमुच इसे कर सकते हैं?''

संवाद, वार्ताओं एवं प्रश्नोत्तर के माध्यम से जीवन के यथार्थ, उसकी वास्तविकता तथा सत्य पर जे. कृष्णमूर्ति के संग–साथ अतुल्य विमर्श...

सभी प्रमुख पुस्तक विक्रेताओं पर उपलब्ध या
इस वेबसाइट से मंगवाएं
www.rajpalpublishing.com

'The Life and Death of J. Krishnamurti'
का हिन्दी अनुवाद

जे. कृष्णमूर्ति
एक जीवनी

जे. कृष्णमूर्ति

1986 में 90 वर्ष की आयु में जब कृष्णमूर्ति की मृत्यु हुई, मेरी लट्यन्स द्वारा लिखित उनकी वृहदाकार जीवनी के दो खंड 'द यिअर्ज़ ऑव अवेकनिंग' (1975) तथा 'द यिअर्ज़ ऑव फुलफिलमेंट' (1983) प्रकाशित हो चुके थे। तीसरा खंड 'दि ओपन डोर' 1988 में प्रकाशित हुआ। इन तीनों खंडों को मेरी लट्यन्स ने 'द लाइफ एंड डेथ ऑफ जे. कृष्णमूर्ति' नाम से एक ही पुस्तक में समेटा है; 'जे. कृष्णमूर्ति एक जीवनी' इसी पुस्तक का अनुवाद है।

कृष्णमूर्ति के सुझाव पर ही मेरी लट्यन्स ने उनकी यह जीवनी लिखी थी, और लेखन के दौरान कृष्णमूर्ति का पूरा सहयोग उन्हें मिला था।

कृष्णमूर्ति के अनुसार, उन्होंने जो कुछ कहा है, वह सभी के लिए समान रूप से प्रासंगिक है। हम स्वयं सत्य को खोज सकें, इसमें आने वाली हर बाधा से हमें मुक्त करना ही उनका उद्देश्य है। कृष्णमूर्ति की शिक्षाओं और उनके जीवन में कहीं कोई फर्क नहीं है — अतएव उनका जीवन भी उनकी शिक्षा ही है; जीवन, जिसकी व्यापकता में मृत्यु भी समाविष्ट है।

सभी प्रमुख पुस्तक विक्रेताओं पर उपलब्ध या
इस वेबसाइट से मंगवाएं

www.rajpalpublishing.com

www.ingramcontent.com/pod-product-compliance
Lightning Source LLC
LaVergne TN
LVHW051446170726
843492LV00002B/577